Jean Moulin,
le héros oublié

Fabrice Grenard

Jean Moulin, le héros oublié

PLON
www.plon.fr

92, avenue de France
75013 Paris
www.plon.fr – www.lisez.com

Mise en pages : Nord Compo
Dépôt légal : mai 2023
ISBN : 978-2-259-31674-3

À Anaëlle, Orane et Hélène, pour leur patience,
leur présence et leur soutien
Toute ma reconnaissance à Raphaëlle,
à qui ce livre doit beaucoup

Le refus d'abdiquer

Le face-à-face est insoutenable. Depuis son bureau, en uniforme d'officier, l'*Obersturmführer SS* Klaus Barbie multiplie les allers-retours devant son prisonnier assis sur une chaise placée au milieu de la pièce. Entre deux questions et deux injures, Barbie vocifère sans cesser de le frapper et de lui asséner de violents coups au visage. Ce n'est plus un interrogatoire qui se déroule au 14, avenue Berthelot à Lyon, dans les locaux de l'école du Service de santé militaire, où la Gestapo lyonnaise s'est installée quelques semaines plus tôt. C'est une véritable scène de torture. Barbie veut faire avouer à son prisonnier qu'il est « Max », le représentant du général de Gaulle auprès de la Résistance française. Soit le vrai chef de la Résistance intérieure.

L'homme au visage déchiré

L'homme assis sur la chaise reste muré dans le silence. Son visage est en sang, ses lèvres sont tuméfiées, ses yeux, creusés. Il porte sur le crâne une énorme plaie bleuâtre, témoin des coups terribles déjà encaissés les jours précédents. Comme il peut à peine marcher, deux soldats allemands ont dû le soutenir physiquement pour le sortir de sa cellule du fort de Montluc, le transporter jusque dans les bâtiments de l'école du Service de santé militaire et le faire entrer dans la pièce où l'attendait Klaus Barbie. Lorsqu'il retrouve un instant de lucidité, il répète sans varier la même phrase : « Je ne suis pas Max et je n'ai absolument rien à voir avec la Résistance. Je m'appelle Jean Martel et je suis artiste peintre. » À chaque fois, les coups redoublent.

Soudain, il semble abdiquer et indique à son bourreau un petit carnet vierge et un crayon qui se trouvent sur le bureau. Barbie exulte intérieurement. Enfin, son prisonnier va craquer. Ce qu'il ne peut se résoudre à dire, il va l'écrire en détail sur le papier. La torture aura finalement eu raison de la résistance exceptionnelle qu'il avait montrée jusque-là. Barbie se fait soudain plus aimable. Il offre à boire au malheureux et lui laisse tout le temps dont il a besoin. L'officier allemand attend patiemment derrière son bureau. Son prisonnier se penche sur le carnet qu'il lui a donné. Il semble bien écrire quelque chose. Barbie ronge son frein. Lorsqu'il découvre enfin le contenu de cette note, il a un sursaut de colère : c'est un dessin le caricaturant[1]. Ce geste ne change rien au rapport de force physique. Mais il renverse la situation sur le plan symbolique. L'homme torturé qui se trouve à la merci du chef de la Gestapo lyonnaise vient d'humilier son bourreau en lui montrant que la force morale pouvait surpasser la torture physique et que l'art pouvait être plus fort que la barbarie.

La multiplication des sévices et des séances de torture n'y changera rien. Klaus Barbie, le « boucher de Lyon », celui qui incarne au plus haut point dans l'ancienne capitale des Gaules la brutalité extrême de la répression allemande, n'obtiendra aucun renseignement de son plus célèbre prisonnier, Jean Moulin. « Max » n'a pas parlé.

Résister à la torture. Se confronter à l'inhumain. Les organisations résistantes connaissaient cette épreuve et n'ont jamais blâmé l'un des leurs d'avoir craqué, tant que cela ne se transformait pas ensuite en une trahison et un retournement en faveur de l'occupant. La règle appliquée consiste à tenir au cours des vingt-quatre ou quarante-huit heures postérieures à l'arrestation pour permettre d'adopter les mesures de sécurité nécessaires, de changer notamment les adresses des planques et des « boîtes aux lettres » susceptibles d'être révélées sous les coups. Mais Jean Moulin est un cas à part. Du fait de ses fonctions, il connaît tous les rouages et les principaux acteurs de « l'armée des ombres ». S'il parle, c'est toute la Résistance qui est menacée de démantèlement par les Allemands. Klaus Barbie le sait. C'est pour cela qu'il s'acharne. L'homme est un ambitieux, sans états d'âme. Membre de la SS depuis 1935, il a toujours cherché à plaire à sa hiérarchie. Lorsqu'il était en poste aux Pays-Bas en 1940, il a fait preuve du plus grand zèle dans les rafles organisées contre les juifs. Cela lui a permis de devenir officier en étant nommé en octobre 1940 au grade d'*Obersturmführer* (lieutenant). Ayant servi en 1941 sur le front russe, il y a multiplié les exactions sur les civils dans la lutte menée contre les partisans. Affecté en France en 1942, à Dijon d'abord puis à Lyon, il se fait rapidement remarquer par la traque sans merci qu'il conduit contre les résistants et les juifs. Cela lui vaut de diriger à partir de février 1943 la section IV de la Sipo-SD de Lyon, la tristement célèbre Gestapo. S'il parvient à faire remonter à Berlin un état précis de la Résistance française grâce aux renseignements qu'il pourrait obtenir de « Max », sa carrière est faite et les plus hautes fonctions l'attendent. C'est sans compter sur son adversaire. Moulin y laisse la vie, mais c'est bien lui qui sort vainqueur de cette confrontation. Son silence porte un coup fatal à la carrière de Barbie. Ses supérieurs lui reprocheront de n'avoir pas su faire craquer son prisonnier et même d'avoir usé de méthodes inadéquates en l'ayant rendu physiquement trop faible. Barbie espérait être promu. Il sera sanctionné.

Celui qui n'a pas parlé

En refusant de parler sous la torture au cours de ces terribles séances d'interrogatoire tenues lors des dernières journées de juin 1943 à Lyon, Jean Moulin, face à son bourreau, symbole de la barbarie nazie, incarne pour sa part le « visage de la France », comme l'a si bien déclamé André Malraux. Cette France qui résiste depuis 1940, refuse l'oppression, le droit du plus fort, ne plie pas sous les coups et sait garder, quoi qu'il arrive, ses valeurs et son honneur. Le sacrifice de Jean Moulin possède à cet égard une dimension quasi christique. Sa mort contribue à laver l'humiliation de la défaite de 1940, le déshonneur de la collaboration pratiquée par le régime de Vichy, dirigé par Pétain depuis 1940. Elle permet d'ancrer la France combattante, celle du général de Gaulle, dans le camp des Alliés, une donnée qui n'était pas si évidente jusqu'en 1942 tant la position de l'homme du 18 juin semblait fragile. Le rôle de Jean Moulin, en tant qu'acteur historique, a donc été essentiel.

La résistance contre l'occupant allemand développée à la fois depuis l'extérieur dans le cadre de la France libre et sur le plan intérieur avec la constitution d'organisations clandestines constitue la dernière grande page héroïque de notre histoire. Trait d'union entre ces deux résistances, Jean Moulin est notre dernier grand héros. En œuvrant au rapprochement puis à la fusion des mouvements de zone sud, en créant le Conseil national de la Résistance et en amenant l'ensemble des résistants à se placer sous la seule autorité du général de Gaulle, il a rendu possible le passage de résistances aux formes diverses et autonomes, agissant en parallèle, à la Résistance française : une action décisive, qui permettra à la France de participer à sa propre libération aux côtés des Alliés et de se ranger dans le camp des vainqueurs.

Aussi décisive fût-elle, la portée réelle de l'action menée par Jean Moulin reste largement inconnue. Il y a là une forme de paradoxe. Tout le monde semble connaître l'homme à l'écharpe et au chapeau depuis son entrée au Panthéon en 1964 et l'hommage funèbre que lui a rendu André Malraux, dont certaines formules résonnent encore aujourd'hui. Son portrait se trouve dans tous les manuels d'histoire, son nom figure en tête de liste des résistants français célèbres. Mais Jean Moulin reste un héros oublié, comme si son image s'était figée et désincarnée – un symbole plus qu'une personne en chair et en os, et une éthique plus que des actes. On connaît mieux le Jean Moulin *post mortem* que le Jean Moulin vivant. De lui, on ne sait qu'une chose : il a été un grand résistant et l'homme de De Gaulle. Il n'occupe pas la place qui devrait être la sienne dans les commémorations de la période au regard du rôle qui a été le sien. Les études à son sujet restent rares alors que la production autour de l'histoire de la Résistance n'a jamais été aussi foisonnante[2]. Aucun film ne lui a été consacré[3]. Depuis qu'elles sont à leur tour entrées au Panthéon, d'autres figures comme Pierre Brossolette ou Simone Veil semblent avoir pris plus de place dans notre mémoire collective lorsqu'il est question de la période de la Seconde Guerre mondiale. Alors que l'année 2023 constitue à la fois le quatre-vingtième anniversaire de la création du Conseil national de la Résistance (27 mai 1943), de son arrestation à Caluire (21 juin) et de sa mort (8 juillet), un étonnant silence recouvre de nouveau Jean Moulin, comme s'il avait été enterré à nouveau.

Le sauveur de De Gaulle

Rares sont pourtant les hommes à qui notre pays doit tant. Il est évidemment impossible de réécrire l'histoire. Mais une chose est certaine : s'il n'avait pas réussi à unifier la Résistance derrière le général de Gaulle, le sort de la France aurait été tout autre à la fin de la Libération. Que se serait-il passé si les Alliés s'étaient entêtés à préférer le général Giraud au chef de la France libre, comme ils le firent au lendemain du débarquement en Afrique du Nord ? La restauration de la « légalité républicaine » aurait peut-être été compromise : Giraud avait maintenu la législation vichyste et la mise en œuvre de la « révolution nationale » en Algérie et au Maroc. Que serait-il advenu si les résistants de l'intérieur ne s'étaient pas unis derrière le général de Gaulle ? Deux autorités concurrentes auraient possiblement existé à la Libération, revendiquant chacune l'exercice du pouvoir, celle qui émanait de la Résistance intérieure et celle de la France libre constituée à Londres en 1940, avec un risque de conflit susceptible de plonger le pays dans le chaos et le désordre, comme cela a pu se voir dans de nombreux autres pays d'Europe à la fin de la guerre.

Il y a bien une forme d'urgence dans le contexte actuel à rappeler ce que fut la Résistance française et l'importance qu'a pu revêtir son action. Utilisés à de simples fins politiques pour essayer d'en capter l'héritage, évoqués par ceux qui, oubliant que le contexte en 1940 était bien différent, se présentent comme les résistants modernes, les termes de « résistant » et « Résistance » sont aujourd'hui largement banalisés. La résurgence d'un discours révisionniste autour de la période de l'Occupation, développé par un candidat à la dernière élection présidentielle qui cherche à réhabiliter le régime de Vichy en reprenant les arguments qu'utilisaient les collaborateurs à la fin de la guerre (Vichy aurait « protégé » les Français, alors qu'en réalité le régime n'a cessé de devancer les demandes allemandes), montre par ailleurs l'importance de continuer à écrire l'histoire de la Résistance française.

Le sacrifice de Jean Moulin est là pour nous rappeler combien furent exceptionnels ces hommes de l'ombre qui surent incarner la France combattante entre 1940 et 1944, quand le pays connaissait les heures noires de l'Occupation et de la collaboration avec le vainqueur pratiquée par le pouvoir en place. Et s'il n'apparaît pas comme le plus célébré, Jean Moulin fut bien le premier d'entre eux, à la fois par l'importance de sa mission, mais aussi par les risques encourus puisque le représentant du général de Gaulle effectua deux longs séjours en France en 1942 et 1943 avant d'être arrêté à Caluire le 21 juin. Il ne pouvait ignorer que l'espérance de vie moyenne d'un agent parachuté par Londres en métropole n'était tout au plus que de quelques mois, du fait de la traque terrible menée par les Allemands et leurs auxiliaires de Vichy. Et l'homme était, au printemps 1943, le plus recherché de France, alors que les Allemands avaient découvert l'existence de « Max ». Cela ne l'a nullement empêché d'aller jusqu'au bout de la mission que lui avait confiée le général de Gaulle.

Ce livre raconte son histoire à hauteur d'homme. Mon projet était de permettre au lecteur de se mettre à la place de ce personnage historique pour prendre la mesure de son action, voire de son caractère. En somme, de plonger le temps d'une lecture dans la France de Jean Moulin.

1

La rencontre de deux géants

Jean Moulin s'est arrêté : il a levé les yeux vers la façade blanche du bâtiment. C'est bien ici, le 4 Carlton Gardens. À l'arrière, en contrebas, se trouve le Mall, cette longue artère qui mène jusqu'au palais de Buckingham. D'un pas vif, il s'est approché de la massive porte d'entrée, située entre deux colonnes. Il a salué les gardes avant de s'engouffrer dans le hall. En ce 25 octobre 1941, le temps est frais. Tout juste arrivé à Londres, le nouveau venu se présente au quartier général de la France libre et se prête aux vérifications d'usage. Après un peu d'attente, enfin, il accède au bureau du général de Gaulle.

La pièce est petite mais bien aménagée. Au mur, deux cartes sont accrochées, dont l'une représente la France, juste derrière le siège du chef de la France libre. Après une courte hésitation,

Moulin s'installe dans le fauteuil club qui se trouve devant lui. Le général de Gaulle en fait autant. La conversation s'engage entre deux hommes qui se rencontrent pour la première fois. Depuis plusieurs mois déjà, Jean Moulin s'était fixé comme objectif de se rendre en Angleterre pour échanger avec celui qui incarne depuis son discours du 18 juin 1940 la France qui continue la lutte aux côtés des Alliés. Il peut enfin découvrir à quoi ressemble ce général rebelle, qui le reçoit en uniforme. La petite cinquantaine, de Gaulle surprend par un physique hors norme et sa grande taille qui lui permet de dominer ses interlocuteurs. L'homme est sûr de lui et ne supporte guère la contradiction.

Moulin a les traits tirés. Il ressent la fatigue due à son long périple depuis Marseille. À seulement quarante-deux ans, il a déjà derrière lui une brillante carrière dans la préfectorale : plus jeune de son époque à avoir été nommé sous-préfet (à vingt-six ans) puis préfet (à trente-sept ans) ; plusieurs fois membre d'un cabinet ministériel. Rares sont les personnages de son envergure à rejoindre l'Angleterre à ce moment. Peu encore ont eu l'audace de parier sur l'homme du 18 juin, celui qui a osé se dresser pour que « la flamme de la résistance française ne s'éteigne pas », alors que l'Allemagne l'emportait sur tous les fronts depuis le début de la guerre en septembre 1939.

Le voyageur clandestin

Jean Moulin a quitté la France le 12 septembre. Pour s'absenter de la métropole en toute discrétion tout en obtenant le visa nécessaire à son voyage, il use d'une fausse identité : Joseph Mercier, citoyen français ayant enseigné aux États-Unis et cherchant à y retourner. Il est passé par l'Espagne et le Portugal. Lorsque son avion en provenance de Lisbonne atterrit à Bournemouth, les services secrets britanniques, avertis de sa venue et de sa véritable identité, le prennent en charge.

L'ancien haut fonctionnaire subit une série d'interrogatoires destinés à vérifier les informations le concernant. Les Britanniques se méfient de possibles infiltrations d'agents ennemis. Peut-être ont-ils également essayé de recruter cette personnalité de haut rang pour leurs propres services. Selon les conclusions du rapport d'interrogatoire, Jean Moulin se montre « d'une parfaite franchise et d'une grande intelligence[1] ». Il insiste sur le fait qu'il ne veut travailler qu'avec le général de Gaulle, qu'il souhaite rencontrer au plus vite pour lui soumettre un rapport de neuf pages sur « l'activité, les projets et les besoins des groupements constitués en France en vue de la libération du territoire national ».

L'officier franco-britannique Éric Piquet-Wicks, chargé de faire la liaison entre les services secrets britanniques et le service de renseignements de la France libre, installe Jean Moulin dans un hôtel discret du centre de Londres. Il informe ses interlocuteurs français de la présence de ce M. Mercier.

Le 24 octobre, averti de la demande d'entretien par le colonel Passy, le chef de ses services secrets, de Gaulle n'hésite pas longtemps. Il le reçoit personnellement, comme il le fait à chaque fois qu'une personnalité importante rejoint l'Angleterre depuis la France. Le général est curieux d'entendre ce que cet ancien préfet a à lui raconter. C'est la première fois depuis juin 1940 qu'une personne se disant envoyée par les organisations résistantes apparues en métropole se présente à lui. De Gaulle connaît mal la situation de l'autre côté de la Manche. S'étant autoproclamé chef de la Résistance française, il a besoin de renseignements précis sur l'état des premiers mouvements clandestins qui s'y développent. La première entrevue entre de Gaulle et Moulin se tient dans la matinée du 25 octobre 1941[2]. À partir des éléments que lui fournira plus tard son frère, Laure Moulin écrira qu'elle dura près de deux heures et se prolongea par un déjeuner. Elle conclut : « L'impression fut excellente de part et d'autre[3]. »

Faire la part du bluff

La discussion porte sur la situation en métropole. Jean Moulin expose ce qu'il a vécu depuis les événements de juin 1940. Préfet d'Eure-et-Loir au début de la guerre, il a été aux premières loges à Chartres pour assister à l'effondrement du pays, au grand mouvement d'exode d'une population en détresse, au début de l'occupation allemande et à la mise en place du régime de Vichy. Révoqué en novembre 1940 de la préfectorale, il a ensuite gagné la zone sud pour y rencontrer les chefs des premiers mouvements de résistance[4]. Il présente le rapport qu'il a rédigé sur « l'activité, les projets et les besoins des groupements constitués en France en vue de la libération du territoire national ».

La conversation roule également sur les grands sujets du moment et les considérations géostratégiques. Au cœur des débats, la reconstitution d'une armée se battant sous uniformes français aux côtés des Britanniques. N'est-ce pas elle qui peut le mieux incarner la France qui n'a pas déposé les armes ? Ces hommes poursuivent la lutte alors que le régime de Vichy, dirigé par Pétain, a fait le choix de la collaboration avec le vainqueur. De Gaulle représente un État dont le gouvernement officiel a refusé de partir en exil à Londres, contrairement à ceux de nombreux pays européens (Belgique, Pays-Bas, Norvège…). Rétablira-t-il la République lors de la victoire ? À aucun moment, il n'a fait de déclaration publique en ce sens. Il faudra attendre sa « déclaration aux mouvements » d'avril 1942 pour assister à sa conversion démocratique. Mais Moulin semble convaincu au cours de ses échanges avec le chef de la France libre que celui-ci permettrait le retour de la démocratie, une fois le pays libéré.

Pour se convaincre mutuellement et renforcer leurs arguments, l'ancien préfet et le général se livrent chacun à une part de bluff. Moulin exagère sa connaissance de la Résistance française alors que l'ancien préfet ne dispose en fait que d'informations très limitées. Il n'a pu rencontrer directement que deux responsables des premiers mouvements qui se développent en zone sud, Henri Frenay (Mouvement de libération nationale) et François de Menthon (Liberté). Il n'a en revanche pu établir aucun contact avec deux autres organisations apparues en 1941 dans cette même zone (Libération et Franc-Tireur) ni avec les premiers groupes de résistants de la zone occupée. Afin de donner à sa démarche une dimension « officielle », Moulin se présente comme « mandaté » par les organisations de zone sud, ce qui n'est pas exactement le cas puisqu'il a pris seul l'initiative de rédiger son rapport et de venir à Londres.

De son côté, de Gaulle sait très bien qu'au vu de l'importance de son interlocuteur les Britanniques ont sans doute cherché à le recruter[5]. Pour éviter ce « débauchage », il exagère les moyens dont dispose la France libre et cache sa position fragile en s'abstenant d'évoquer sa dépendance totale à l'égard de la Grande-Bretagne et les relations difficiles qu'il entretient avec Churchill. Quelques semaines avant que Moulin n'arrive à Londres, une brouille importante avait d'ailleurs éclaté entre les deux hommes au sujet de l'avenir de la Syrie, mandat français libéré par les troupes britanniques et les Forces françaises libres au printemps. Le 7 septembre 1941, Churchill avait même demandé que ses ministères traitent jusqu'à nouvel ordre avec lenteur et circonspection toutes les requêtes présentées par la France libre[6].

Une entente qui ne va pas de soi

Moulin et de Gaulle ne se connaissaient pas. Entre eux, rien ne s'accordait d'emblée. Une décennie à peine sépare le général, né en 1890, et son cadet de neuf ans (1899). Elle est suffisamment importante pour introduire un écart générationnel lié notamment à un vécu différent de la Grande Guerre. Pour le chef de la France libre, l'expérience du front a été cruciale. Moulin, lui, bien que mobilisé en 1918, était trop jeune pour avoir connu le feu. Le général et l'ancien préfet ont suivi des trajectoires opposées. L'un a fait le choix des armes ; l'autre, celui de l'administration. Les deux hommes ne possèdent pas la même culture politique. Républicain convaincu et proche des radicaux avant la guerre, auxquels il doit largement sa carrière, Moulin peut éprouver quelque méfiance à l'égard d'un officier supérieur qui n'a pas caché une certaine aversion pour le régime parlementaire. Un an avant de venir à Londres, il se serait inquiété des objectifs de De Gaulle auprès de l'un de ses proches, Pierre Meunier, ayant qualifié le chef de la France libre de « conservateur et de réputation maurrassienne[7] ».

De Gaulle, de son côté, aurait pu rechigner à accueillir cet ancien serviteur de la IIIe République, un régime en partie responsable à ses yeux de l'effondrement du pays en 1940. Jean Moulin n'a pas caché au général les différences susceptibles de les opposer en lui expliquant qu'il était « un homme de gauche profondément attaché au régime républicain » et qu'il avait « appartenu au Front populaire en étant le chef de cabinet de Pierre Cot au ministère de l'Air[8] ». Accusé d'avoir mal préparé l'aviation française, Cot était devenu aux yeux de toute une partie de la droite l'un des grands boucs émissaires de la défaite depuis 1940. Fin juin 1940, de Gaulle avait rejeté l'offre de service de l'ancien ministre, qui se trouvait à Londres. Son image était trop négative parmi les premiers Français libres. « M. Pierre Cot, bouleversé par les événements, m'adjurait de l'utiliser à n'importe quelle tâche, "même à balayer l'escalier". Mais il était trop voyant pour que cela fût désirable », expliquera le général dans ses *Mémoires*[9].

Malgré ces différences importantes, l'entente entre les deux hommes s'établit immédiatement. Un « coup de foudre réciproque », affirmera Daniel Cordier[10]. La formule surprend s'agissant d'hommes d'État, peu sujets aux emballements. Mieux vaut y voir un véritable « mariage de raison » opéré par deux personnalités pragmatiques qui comprennent immédiatement le rôle respectif qu'elles peuvent jouer au service d'une cause commune. En lui offrant la perspective de rallier derrière lui l'ensemble de la Résistance intérieure, Moulin représentait pour de Gaulle une recrue de choix. Et pour l'ancien préfet, le général apparaissait comme le chef garantissant l'existence de la France dans le camp allié.

De Gaulle se montre réceptif aux arguments de Moulin sur la nécessité d'aider la Résistance intérieure. Dans la conclusion de son rapport, l'ancien préfet insiste : « Il serait fou et criminel de ne pas utiliser en cas d'action alliée sur le continent ces troupes prêtes aux sacrifices les plus grands, éparses et anarchiques aujourd'hui, mais pouvant constituer demain une armée cohérente de parachutistes déjà en place, connaissant les lieux, ayant choisi leur adversaire et déterminé leur objectif[11]. » À cette explication militaire et stratégique, Moulin ajoute un argument plus politique. Il précise que, en l'absence d'aide apportée par la France libre aux premiers mouvements, il y a un vrai risque de voir « des milliers de braves gens tomber dans les bras des communistes ». Car le PC, interdit en septembre 1939 par le gouvernement Daladier à la suite du pacte germano-soviétique, s'est reconstitué dans la clandestinité et a basculé dans la résistance en juin 1941 lors du déclenchement de l'opération Barbarossa, l'attaque de l'URSS par le IIIe Reich. Il est le premier groupement en métropole à prôner la lutte armée contre l'occupant.

Le chef de la France libre, qui connaît très mal la situation en métropole, découvre à travers l'exposé de Moulin l'existence des premières organisations apparues depuis la fin de l'année 1940 en zone sud. La nécessité d'unifier cette résistance qui se développe en France, et de la placer sous son autorité, s'impose à lui. Au risque sinon de voir émerger des autorités différentes et concurrentes, issues des résistances intérieure et extérieure, qui pourraient s'affronter l'heure de la Libération venue.

De Gaulle se trouve en situation de dépendance totale à l'égard de Churchill. Ses relations avec les Alliés sont difficiles. Il a constamment besoin de renforcer sa légitimité. C'est d'ailleurs pour cela qu'un mois avant l'arrivée de Moulin à Londres a été créé le 24 septembre 1941 le Comité national français (CNF), qui a pour vocation d'incarner le gouvernement de la France libre. Placer les organisations de la Résistance intérieure sous l'autorité du CNF renforcerait de Gaulle auprès des Alliés. Cela ferait de lui le seul chef incontesté de tous les résistants. Les chefs des organisations autonomes développées en France ne le reconnaissent cependant pas comme tel. Et ce, en dépit de l'image flatteuse dont il jouit depuis l'appel lancé sur les ondes de la BBC le 18 juin 1940.

Sur ordre personnel du général de Gaulle

Après cette première rencontre du 25 octobre, les deux hommes se séparent conscients d'avoir beaucoup à faire ensemble. Leurs échanges se poursuivent pendant une dizaine de jours à Carlton Gardens. Au terme de ces entretiens, de Gaulle décide de confier à l'ancien préfet deux missions destinées à accélérer l'organisation et la structuration de la Résistance en France tout en favorisant sa direction par la France libre.

La première est civile. À son retour en France, Jean Moulin devra reprendre contact avec les mouvements afin de leur demander d'intensifier la propagande, d'élargir leur recrutement, de transmettre et de faire exécuter des mots d'ordre généraux venus de Londres. Un compte rendu périodique des actions menées devra être adressé au général de Gaulle, qui en retour assurera l'envoi d'un budget régulier. Pour ce faire, Moulin doit immédiatement remettre à chaque organisation la somme de cinq cent mille francs.

La seconde mission est militaire. De Gaulle demande à Moulin d'encourager la mise en place de branches militaires spéciales dans chaque mouvement, avec la constitution de groupes de choc, d'équipes de sabotage, d'une organisation de renseignements et de contre-espionnage. Ces groupes armés devront être capables de passer à l'action immédiate en cas de débarquement venu d'Angleterre, et sur ordre personnel du général de Gaulle[12]. Fidèle à son principe de séparation absolue entre le politique et le militaire, de Gaulle demande que ces organisations militaires fassent l'objet d'un cloisonnement important, à l'écart des autres activités clandestines.

Muni de ces deux ordres de mission, Moulin doit quitter l'Angleterre le 8 novembre 1941. Son départ est retardé de plusieurs semaines, jusqu'à la toute fin de l'année. Cette attente lui permet de suivre une formation pour sauter en parachute. Même si l'homme est sportif, commencer une telle pratique à plus de quarante ans n'a rien d'évident, d'autant que la plupart de ses compagnons d'entraînement sont beaucoup plus jeunes. L'ancien préfet se forme aussi aux méthodes de codage et de décodage des messages.

Lors de cette période, un événement fondamental vient bouleverser la situation géopolitique : l'entrée en guerre des États-Unis le 7 décembre 1941 à la suite de l'agression japonaise de Pearl Harbor. Le rapport de forces entre chaque camp s'équilibre. Difficilement envisageable jusqu'alors, une libération de la France à plus ou moins longue échéance devient possible. De Gaulle veut accélérer l'unification de la Résistance intérieure. Il décide d'étendre les pouvoirs de Jean Moulin et d'élargir ses instructions. Il ajoute un troisième ordre de mission le 24 décembre 1941 : « Je désigne M. Jean Moulin, préfet, comme mon représentant et comme délégué du Comité national français pour la zone non directement occupée de la métropole. M. Moulin a pour mission de réaliser dans cette zone l'unité d'action de tous les éléments qui résistent à l'ennemi et à ses collaborateurs. M. Moulin me rendra compte directement de l'exécution de sa mission[13]. »

En deux mois, la position de Moulin s'est renversée. En arrivant à Londres, il portait la voix de la Résistance en zone sud, dont il était le messager, presque autoproclamé. En repartant, il est désormais le représentant officiel du général de Gaulle. Sa mission consiste à veiller à l'application des ordres du général auprès de la Résistance intérieure. C'est une véritable conversion. Contrairement aux précédents agents, qui avaient été envoyés en France par les services secrets de la France libre avec pour seule tâche d'y constituer un réseau ou de prendre contact avec un groupement clandestin déterminé[14], Jean Moulin a des directives beaucoup plus larges, lui demandant de regrouper et d'unifier les résistants de toute la zone sud pour pouvoir ensuite les subordonner, par son intermédiaire, au général de Gaulle, président du CNF.

La rencontre entre de Gaulle et Moulin le 25 octobre 1941 constitue ainsi un moment crucial dans l'histoire de la Résistance française. Jean Moulin est l'homme qui doit permettre d'établir de véritables passerelles entre les deux résistances : celle de Londres autour du général de Gaulle ; celle de métropole avec l'apparition des premiers mouvements. Ces deux incarnations d'une France qui lutte avaient connu une histoire parallèle depuis les débuts de l'Occupation et s'étaient développées de façon indépendante. Mais elles ont également besoin l'une de l'autre. La Résistance intérieure connaît des débuts difficiles, confrontée à l'apathie d'une population traumatisée par la défaite, à la popularité de Pétain, à la répression menée par l'occupant ou Vichy. Elle manque cruellement de moyens. Comment se développer sans une aide extérieure en finances et en armements ? Or, en 1941, cette aide ne peut venir que de Londres. De son côté, pour être le chef incontournable de la France libre, de Gaulle a besoin du soutien de la Résistance intérieure. En nouant des liens directs avec elle, il évitera que les services secrets britanniques, et plus tard américains, n'exercent une influence excessive sur celle-ci.

Rien ne sera épargné à Jean Moulin pour qu'il s'acquitte de sa mission. Mais l'ancien préfet est obstiné et méticuleux. Il voit déjà sa place dans l'histoire se dessiner, celle de « l'unificateur » de la Résistance[15].

2

Au service de l'État et de la République

Janvier 1937. Jean Moulin apprend que le ministre de l'Intérieur, Marx Dormoy, le promeut préfet. L'âge moyen pour accéder à la fonction est alors de quarante-cinq ans. Jean Moulin en a trente-sept. Le plus jeune préfet de son temps. Il exerce son premier poste dans l'Aveyron, à Rodez. Apprenant sa nomination, le sénateur Joseph Monsservin, président du conseil général local, ironise : « La prochaine fois ils nous enverront un enfant de chœur[1]. »

Préfet de la République. L'un des postes les plus prestigieux de la haute fonction publique. « Monsieur le préfet » est celui qui représente et incarne l'État dans les départements depuis Napoléon. Sa responsabilité et ses pouvoirs sont très importants. Veillant à la bonne application de la loi sur le plan local, c'est lui également qui dirige dans sa circonscription l'ensemble des forces chargées du maintien de l'ordre. Une personnalité incontournable, connue, respectée et souvent crainte d'une population habituée à la voir revêtue de son costume officiel lors des manifestations et commémorations.

Ses fonctions font de Jean Moulin l'un des grands serviteurs de la République à une période où le régime fait l'objet de contestations croissantes. Le « modèle républicain » a connu son âge d'or au début du siècle. Au cours des années 1930, l'essor des ligues d'extrême droite et le développement de l'antiparlementarisme le remettent en cause. Profondément attaché à la République et à ses valeurs, Jean Moulin est pour sa part fier de servir ce régime. Il ne s'en cache pas, et plusieurs de ses discours officiels prononcés comme préfet sont des plaidoyers : « Je suis de ceux qui pensent que la République ne doit pas renier ses origines et qu'elle doit, tout au contraire, se pencher avec fidélité, avec respect sur les grandes heures qui ont marqué sa naissance [...]. Pour ma part je n'ai jamais caché mes opinions politiques », déclare-t-il le 5 mars 1939 à Chartres lors du « banquet Marceau », organisé en l'honneur de ce général héros de la Révolution et enfant du pays[2].

Lorsqu'il apprend sa promotion au rang de préfet, des images lointaines lui reviennent. Comme si le film de son existence défilait dans son esprit, en accéléré. Son enfance dans le « Midi rouge », dont son grand-père François-Xavier avait défendu les couleurs face aux bonapartistes, à Béziers, sa ville natale. Le vieil homme avait même tâté de la prison dans sa jeunesse pour s'être opposé au coup d'État de Louis-Napoléon Bonaparte le 2 décembre 1851. En y pensant, le préfet ne peut s'empêcher de sourire. Soudain l'image de son père s'impose à lui. Antoine Émile, lui aussi mordu de la République et de la politique. Il avait participé à tous les grands combats fondateurs de la fin du XIXe siècle : l'opposition au boulangisme, la défense d'Alfred Dreyfus, la séparation de l'Église et de l'État… Figure locale du Parti radical, adjoint au maire puis vice-président du conseil général de l'Hérault, il a incarné la bourgeoisie républicaine, celle des « couches nouvelles » de Léon Gambetta et des talents fanatiques du service public.

Jean Moulin est reconnaissant à son père de l'avoir orienté vers les services de la préfecture, à la fin de ses études secondaires. C'est à lui qu'il doit sa réussite. Il est très fier de pouvoir lui annoncer la nouvelle. En ressassant le passé, Jean Moulin éprouve forcément une pensée nostalgique pour son frère aîné, Joseph, mort d'une péritonite le 2 mars 1907 à l'âge de dix-neuf ans. Le petit Jean n'en avait que sept. Cette disparition avait été le grand chagrin de ses jeunes années.

L'inquiétude d'un père

La réussite de Jean Moulin est d'autant plus spectaculaire que le jeune homme n'était pas un élève modèle dans sa jeunesse. Avec ses résultats corrects, l'écolier donne plutôt l'impression d'être dilettante. Sa sœur, Laure, se souvient que ses professeurs du collège de Béziers notaient invariablement à la fin de ses bulletins : « Fera un excellent élève quand il se décidera à travailler[3]. » Il ne fait pas toujours preuve de la plus grande attention en cours, préférant s'adonner en douce à son activité favorite, le dessin. Une pratique où il brille depuis tout petit, notamment dans la caricature. Ses camarades de classe adorent découvrir la façon dont il a pu croquer pendant les cours les professeurs à leur insu.

Jean obtient les deux parties du baccalauréat passées à la fin de la première et en terminale sans éclat et sans mention[4]. Son père s'inquiète. Il craint que son fils n'abandonne ses études pour se lancer dans une carrière artistique aux destinées incertaines. Les dessinateurs ont la réputation d'être des marginaux, et ce ne sont pas quelques dessins qui permettent de gagner sa vie convenablement. Alors Antoine Émile fait jouer ses relations. Il s'adresse au préfet de l'Hérault, qu'il connaît bien du fait de ses fonctions au conseil général, et lui demande de trouver un poste pour son jeune fils. Jean Moulin intègre comme attaché le cabinet du préfet. Le pied à l'étrier pour une carrière administrative en préfecture. Tout en commençant à travailler, il s'inscrit également à la faculté de droit de Montpellier pour y poursuivre ses études. Mais ses résultats ne sont guère brillants. Le jeune étudiant semble préférer aux études abstraites les relations humaines et le traitement des problèmes concrets[5].

En avril 1918, ayant atteint l'âge d'être mobilisé, il est affecté au 2e régiment du génie. Après une formation accélérée, il arrive dans les Vosges avec son unité le 20 septembre. Il s'apprête à monter en ligne et à connaître l'épreuve du feu pour participer à la grande offensive finale en direction de l'Allemagne que prépare Foch. L'armistice signé le 11 novembre 1918 lui évite de combattre. Le jeune soldat n'en a pas moins été profondément meurtri par ce qu'il a pu voir en cette fin d'année 1918 dans l'est de la France, avec des villages dévastés et des unités militaires décimées par les morts. Comme beaucoup au sein de sa génération, il tirera de cette expérience un engagement pacifiste au sortir de la guerre, adhérant quelques années plus tard à la Société des amis d'Aristide Briand, le grand artisan de la paix au cours des années 1920. Mais ce pacifisme ne l'amène pas pour autant à l'antimilitarisme, car son patriotisme est intense. Ses proches le savent prêt à s'engager si la France doit être menacée.

Quand l'ENA n'existait pas

Jean Moulin est définitivement démobilisé début novembre 1919. Il reprend son poste au cabinet du préfet de l'Hérault avec un salaire de deux mille quatre cents francs, ce qui représente environ le double du salaire moyen de l'époque[6]. Efficace dans son travail (le préfet lui reconnaît « du dévouement, du tact, et un sens politique avisé »), il est promu chef adjoint de cabinet en 1920. Le jeune homme s'engage également en 1921 dans la section locale des Jeunesses laïques et républicaines, organisation qui s'était quelque peu désagrégée au cours de la guerre et à présent dans un processus de reconstitution. Cette participation constitue la seule adhésion de Jean Moulin à une organisation militante.

Contrairement à ce qui se passera après 1945 avec la création de l'École nationale d'administration (ENA), qui modifiera profondément les conditions d'accès aux carrières dans la préfectorale, celles-ci dépendent, dans l'entre-deux-guerres, en grande partie, du réseau personnel et des soutiens politiques. Alors que le père de Jean Moulin est une figure locale du Parti radical, la carrière de son fils s'accélère logiquement avec la victoire des radicaux dans le cadre du Cartel des gauches lors des élections législatives de 1924. Il devient à vingt-six ans le plus jeune sous-préfet de France. Le voici en 1925 à la tête de la sous-préfecture d'Albertville, en Savoie, où il reste jusqu'en 1930 avant d'exercer ensuite la fonction de sous-préfet à Châteaulin, dans le Finistère (1930-1933) puis à Thonon-les-Bains, en Haute-Savoie (1933).

Le garçon un peu paresseux, peut-être un peu rêveur, qui se voulait artiste, est devenu en quelques années un jeune homme rigoureux et compétent, très investi dans son travail au service de l'État. L'un des membres de son cabinet à Châteaulin, Lucas, le décrit comme « pondéré, poli, discret, mais assez distant et toujours impeccablement habillé et de manières parfaites[7] ». Dès sa première sous-préfecture, il prend l'habitude de visiter toutes les communes de son arrondissement, écoute les doléances qui lui sont remontées et assume ses responsabilités lorsqu'il le juge nécessaire. Dans un discours qu'il prononce le 17 avril 1937 devant le conseil général de l'Aveyron, Jean Moulin évoque la façon dont il conçoit son métier de représentant de l'État : « J'ai toujours pensé que l'administration d'un département ne devait point consister en une série de décisions prises dans une tour d'ivoire, en une rigide application de règles absolues, mais qu'elle devait avant tout être vivante et humaine, plus attachée à l'esprit qu'à la lettre, et que, pour ce faire, elle exigeait un contact étroit avec les populations et leurs représentants[8]. »

Aux yeux de ses administrés, le sous-préfet Moulin détonne aussi quelque peu. Il ne renvoie pas, du fait de son jeune âge, l'image classique d'un fonctionnaire de ce rang. Les gens sont surpris de le voir le week-end au volant d'une voiture moderne ou parcourir les routes du département à bicyclette. L'homme est célibataire, sans enfant. S'il épouse religieusement en 1926, alors qu'il est sous-préfet à Albertville, Marguerite Cerruti, fille d'une famille de notables locaux, son mariage tourne court. Le couple divorce en 1928. On le voit certes souvent accompagné de femmes lors de ses différentes sorties, et on lui prête de nombreuses aventures. Mais son célibat surprend pour l'époque, au regard de ses fonctions, d'autant que les épouses de sous-préfets et de préfets jouent un rôle important auprès de leur mari pour organiser les réceptions et recevoir les invités.

Le jeune sous-préfet est un passionné de sport. Exerçant à plusieurs reprises dans les Alpes, il pratique régulièrement le ski et fréquente la station de Megève. Il aime également s'entourer d'artistes, de sculpteurs, de peintres et d'hommes de lettres. Lors de son passage à Châteaulin, il forme autour de lui une petite cour d'artistes locaux. Le sous-préfet s'empresse à chaque fois qu'il entre dans un nouveau logement de fonction de faire ôter les meubles de série fournis par l'administration pour les remplacer par un mobilier plus original, souvent de style régional. Il possède également sa propre collection d'art, avec des peintures de quelques artistes connus comme Othon Friesz, Utrillo, Suzanne Valadon, De Chirico. Peu de gens le savent, mais le haut fonctionnaire réalise lui-même des œuvres. Il signe sous le pseudonyme de Romanin, nom d'un château en ruine situé dans les Alpilles où sa famille avait l'habitude de se promener, des aquarelles, des portraits, des vues de marchés, des caricatures ou des paysages. Il publie ses dessins dans des journaux régionaux, voire dans certains titres de la presse nationale comme *Les Tablettes*, *Le Rire*, *Le Journal amusant* et même *Candide* et *Gringoire*, deux hebdomadaires qui n'étaient pas encore aussi engagés à l'extrême droite qu'ils le seront à la fin des années 1930.

Le monde étrange des cabinets ministériels

En exerçant la fonction de sous-préfet, Jean Moulin se dote d'une solide « culture administrative » et renforce son sens des responsabilités. Il se familiarise également avec le protocole et les nécessaires arbitrages qu'il est amené à rendre. Lorsqu'il agit ainsi en fonctionnaire consciencieux, il ne sait pas encore que ces qualités lui seront très utiles au moment de choisir de se placer au service du général de Gaulle et de surmonter les divisions agitant les chefs de la Résistance. Dans l'immédiat, il est également amené à côtoyer des notables locaux et des personnalités dont certaines peuvent avoir un avenir national, ce qui aura un effet certain sur sa carrière.

Lors de son passage à la sous-préfecture d'Albertville, Jean Moulin fait une rencontre déterminante, celle de l'avocat Pierre Cot, « jeune-turc » du Parti radical, bientôt élu député de la circonscription de Chambéry-Nord aux législatives de 1928. Partageant à la fois de nombreuses conceptions politiques et des passions communes (la pratique du ski notamment), les deux hommes nouent une amitié de fer. Elle permettra à Jean Moulin d'intégrer à plusieurs reprises le cabinet de Pierre Cot lorsque celui-ci deviendra ministre et d'exercer ainsi des fonctions plus politiques.

Cot appelle une première fois son ami à le rejoindre lorsque Joseph Paul-Boncour le nomme sous-secrétaire d'État aux Affaires étrangères à la fin de 1932. Jean Moulin est alors chargé des relations avec le Sénat au sein d'un cabinet qui comprend également le professeur d'histoire Louis Joxe et l'avocat André Garnault. Cette première expérience tourne court et ne dure que trois mois, de décembre 1932 à février 1933. Le 7 novembre 1933, placé cette fois-ci à la tête du ministère de l'Air, Pierre Cot fait appel à la même équipe de conseillers et nomme Jean Moulin à la direction de son cabinet civil avec pour adjoint Louis Joxe. Il exerce cette fonction jusqu'à ce que le gouvernement soit renversé à la suite de la manifestation du 6 février 1934 organisée à Paris par les principales ligues d'extrême droite pour essayer de déstabiliser le régime. L'événement marquera profondément Jean Moulin, qui se trouve au Palais Bourbon lorsque les émeutiers tentent leur coup de force, obligeant les cavaliers de la Garde républicaine mobile à charger sur le pont de la Concorde. Il en gardera une profonde aversion pour les formations d'extrême droite antiparlementaires et factieuses.

Jean Moulin n'est pas le seul à être frappé par la manifestation du 6 février. Pour parer à un coup d'État fasciste, les formations de gauche se sont unies à l'approche des élections législatives de 1936. Communistes, radicaux et socialistes forment un « front populaire » qui se donne pour programme « le pain, la paix, la liberté ». La victoire du Front populaire en mai 1936 est une date historique. Pour la première fois dans l'histoire de France, la gauche socialiste accède au pouvoir dans le cadre de l'alliance passée avec les radicaux. Les communistes soutiennent le gouvernement que forme Léon Blum, sans y participer. Pierre Cot revient aux affaires. Il retrouve le ministère de l'Air et fait à nouveau de Jean Moulin son chef de cabinet. Pierre Cot met en œuvre la nationalisation de l'industrie aéronautique et réorganise l'armée de l'air. Dans le contexte de la montée des tensions en Europe face à l'alliance nouée par Hitler et Mussolini, il milite en faveur d'une alliance, militaire et industrielle, avec l'URSS, ce qui fait de lui l'une des cibles privilégiées des milieux anticommunistes.

Pierre Cot demande à son chef de cabinet de s'investir plus particulièrement sur un dossier : la mise en place d'une « aviation populaire » destinée à démocratiser la pratique aéronautique et l'accès aux aéroclubs, afin de ne pas laisser aux seules élites bourgeoises la possibilité de s'exercer au sport aérien. Cette politique ambitieuse n'aura pas le succès escompté du fait des nombreux obstacles dressés devant elle, et les projets développés en la matière ne survivront pas au Front populaire.

En s'investissant en faveur de l'aviation, Jean Moulin découvre les exploits aéronautiques d'une époque qui fut celle des grands raids aériens et des records. Il assiste à de nombreux meetings, côtoie des aviateurs ou aviatrices de renom comme Maurice Bellonte ou Hélène Boucher. Le conseiller ministériel profite également de son passage au ministère de l'Air pour compléter sa formation militaire dans le domaine de l'aviation et suivre une formation à Marignane, au bataillon de l'air 117, terminée avec le grade de sergent.

Aider en secret la République espagnole

Août 1936 : Jean Moulin assiste à une réunion très confidentielle – quasiment clandestine. La situation est paradoxale pour un haut fonctionnaire. La rencontre se tient dans le grand bâtiment du ministère de l'Air, boulevard Victor, alors à la lisière de Paris. Le décor est typique des années 1930, avec ces parements en bois aux murs, ces motifs Art déco, les chaises en bois et cuir, la lampe à abat-jour avec ses dorures et le massif téléphone en bakélite noire. André Malraux a sorti une cigarette de son paquet et l'a allumée. La fumée s'est répandue dans la pièce. Le commis voyageur de l'antifascisme revient d'Espagne où un *pronunciamento* a été déclenché le 18 juillet par une partie de l'armée contre le Frente Popular démocratiquement élu. La révolte est menée depuis le Maroc espagnol par le général Franco. Malraux évoque ce qu'il a vu et s'alarme de la situation : les troupes républicaines manquent de moyens et d'armes. Elles ont surtout besoin d'aviation, alors que les franquistes bénéficient de l'apport de la légion Condor envoyée par Adolf Hitler.

Assis à son côté, Jean Moulin l'écoute silencieusement. C'est Pierre Cot, qui mène l'entretien. Le ministre a choisi de confier à Malraux une mission d'information. L'ardeur de l'écrivain trouve un écho chez ses interlocuteurs. Un consensus se dessine. Il faut monter une escadrille française, discrètement, et l'envoyer combattre en Espagne.

La démarche est pourtant contraire au discours officiel. Au grand dam des soutiens de la République espagnole, Léon Blum a annoncé que la France ferait le choix de la non-intervention dans la guerre civile. Il suit en cela la position de la Grande-Bretagne. Cette décision provoque de virulentes critiques à gauche, notamment parmi les communistes, qui réclament des canons pour l'Espagne. Le choix pragmatique de la non-intervention, fait à la fois pour ne pas froisser l'allié britannique et pour maintenir l'accord passé avec le Parti radical, dont certains membres sont opposés à une ingérence dans ce conflit, met Blum mal à l'aise. Il pense même démissionner. Le président du Conseil décide finalement de couvrir une action clandestine en faveur de l'armée républicaine et d'envoyer en secret des armes au-delà des Pyrénées. Composer une escadrille constitue un pas supplémentaire. Pour la mettre en œuvre, le ministre de l'Air se méfie énormément des membres de son cabinet militaire, des officiers hostiles à la République espagnole et soucieux d'être légalistes en ce qui concerne la non-intervention. Il demande à son ami Jean

Moulin, chef de son cabinet civil, en qui il a toute confiance, de s'investir directement dans cette affaire.

Ces moments où l'histoire bascule

En voyant le cours que prennent les événements, Jean Moulin ne peut s'empêcher de penser à ces moments où l'histoire bascule. L'opposition entre deux camps, celui du fascisme d'un côté, de la démocratie de l'autre. À son ami Antonin Mans, membre comme lui du cabinet de Pierre Cot, il ne cache pas que c'est peut-être le sort de l'histoire du monde qui se joue en Espagne. Sa déclaration est des plus visionnaires : « Si les pays démocratiques ne portent pas immédiatement secours aux républicains espagnols, ils seront écrasés. Le fascisme franquiste s'installera *tra los montes*. Les dictateurs, grisés par ce succès, qui leur assurera un inestimable bastion en Méditerranée, poursuivront de plus belle leur politique d'agression. Hitler surtout. Il s'attaquera à l'Autriche, à la Pologne, à la Tchécoslovaquie, et ce sera ensuite notre tour d'être menacés[9]. »

Un petit comité secret se forme pour mettre en œuvre l'aide clandestine à l'Espagne. Jean Moulin en est l'un des piliers, représentant son patron Pierre Cot. Il y côtoie Jules Moch, secrétaire général du gouvernement, et Gaston Cusin, de l'administration des Douanes, qui possède la confiance du ministre des Finances, Vincent Auriol. Des filières destinées à envoyer des avions et pilotes en Espagne se mettent en place. Il faut toutefois trouver un moyen de les dissimuler pour éviter de contrevenir de façon trop visible à la non-intervention. Des complicités au niveau des Douanes obtenues par l'intermédiaire de Gaston Cusin permettent de faire passer clandestinement des armes, mais l'opération est forcément plus compliquée pour des avions. Si la France s'est engagée à ne pas livrer d'avions militaires à l'Espagne, elle peut en revanche fournir des appareils maquillés en avions de transport civil qui pourront être ensuite armés. Des sociétés écrans permettent également de vendre des avions militaires à des pays comme le Mexique ou la Lituanie, qui n'ont pas signé l'accord de neutralité et peuvent, en toute connaissance de cause, les revendre à l'Espagne. Jean Moulin s'occupe également du recrutement des pilotes désireux de franchir la frontière pyrénéenne.

Bien qu'entourée de nombreuses précautions, cette action clandestine ne passe pas inaperçue. Elle déclenche une campagne haineuse à l'égard de Pierre Cot, auquel le nom de Jean Moulin est parfois associé, sur les bancs de la droite et de l'extrême droite. Avançant des chiffres totalement fantaisistes et fantasmés, le député Jean-Louis Tixier-Vignancour accuse le ministre de l'Air d'avoir complètement désarmé l'aviation française en envoyant en Espagne plus d'un millier d'avions. Le matériel fourni est en réalité beaucoup plus modeste : tout au plus, cent vingt-neuf avions dont quatre-vingt-trois hydravions sont livrés à la République espagnole en 1937[10].

Malraux sait ce que Moulin a fait pour monter le groupe de pilotes qui l'accompagne en Espagne. Le chef de cabinet a reçu et questionné les volontaires avant de fournir leur liste à l'écrivain. Ce sont des Français, souvent issus de l'armée, qui composent principalement l'escadrille España. Cette expérience de montage d'un réseau clandestin est assez rare et étonnante pour être soulignée. Moulin ne noue pas seulement de solides amitiés qui lui seront fort utiles plus tard avec les principaux conseillers du ministre, comme Pierre Meunier ou Henri Manhès. Il fait ses premiers pas dans une forme d'action souterraine et agit déjà dans le secret. Enfin, il étoffe sa vision du monde. Il sait désormais que la guerre peut revenir très vite en Europe. Et que les clivages ne sont plus seulement entre des nations concurrentes mais reposent maintenant sur une opposition idéologique majeure entre le camp des démocraties et celui des dictatures fascistes, dont Hitler et Mussolini sont les figures de proue. Jean Moulin tire des leçons. Sur un plan militaire, les Républicains espagnols, comme l'éprouvera plus tard la Résistance française, ne peuvent triompher que s'ils reçoivent une aide militaire et financière extérieure, qui leur fait largement défaut. Il retient également les conséquences désastreuses d'une lutte mal coordonnée et des trop nombreuses divisions qui ont affaibli le camp républicain. Il s'en souviendra sous l'Occupation, affichant la conviction qu'il faut placer la Résistance française sous un commandement unique et national, en l'occurrence celui du général de Gaulle.

3

Dans la tourmente de 1940

Chartres, sa cathédrale, ses vieux remparts, son centre-ville charmant, avec ses ruelles, ses magasins cossus, ses restaurants, et, depuis février 1939, son nouveau préfet, Jean Moulin. La ville n'est qu'à soixante kilomètres de Paris mais l'atmosphère est déjà totalement provinciale. Dans une petite rue du cœur de ville située derrière la cathédrale se dresse un bel hôtel particulier du XVIIIe siècle, l'hôtel de Ligneris, qui abrite la préfecture depuis 1823. C'est donc là que réside désormais le nouveau préfet d'Eure-et-Loir, après avoir exercé dans l'Aveyron. Sa candidature a été fortement appuyée par Maurice Viollette, président du conseil général, maire de Dreux et ancien ministre d'État au sein du gouvernement Blum.

Le préfet Moulin, qui n'a que quarante ans, expédie les affaires usuelles mais s'inquiète de la situation. Les tensions internationales ne cessent de se renforcer. Le déclenchement d'un nouveau conflit semble de plus en plus inévitable. Le 30 mars 1939, il écrit au ministre de l'Intérieur pour lui signifier qu'« en cas de mobilisation générale [il] souhaite suivre le sort de sa classe[1] ». À l'été, Moulin reste attentif à l'actualité internationale, toujours plus tendue. La signature d'un pacte de neutralité entre le Reich et l'URSS en août semble annoncer une guerre imminente. L'Allemagne n'aurait pas à combattre sur deux fronts comme en 1914, ce qu'Adolf Hitler et son état-major redoutaient. Le Führer a désormais les mains libres. Le 1er septembre, la Wehrmacht lance l'offensive. La Seconde Guerre mondiale vient de commencer.

Moulin a l'impression que l'histoire se répète. Alors qu'il était trop jeune lors du conflit précédent pour combattre, il veut cette fois-ci assumer son devoir et partir pour le front, même si l'importance de ses fonctions peut lui permettre de bénéficier d'un statut d'« affecté spécial ». Le 24 septembre 1939, il sollicite le ministre de l'Air pour être mobilisé comme élève mitrailleur afin de pouvoir ensuite rejoindre une unité aérienne. Mais sa demande est rejetée. Avec insistance, il effectue une nouvelle demande, le 15 novembre 1939. Nouveau refus. Sa dernière démarche, le 26 décembre, auprès du ministre de l'Intérieur, Albert Sarraut, se heurte, elle aussi, à une réponse négative. C'est donc depuis sa préfecture de Chartres que Jean Moulin va vivre les événements de 1940.

Un préfet en guerre

Alors que la France a déclaré la guerre à l'Allemagne, Jean Moulin applique dans son département les mesures nécessaires à la défense nationale et à la mobilisation. L'inaction des troupes allemandes et françaises sur le front ouest surprend, quand en 1914 de grandes offensives avaient été immédiatement déclenchées. C'est la « drôle de guerre ». Le préfet Moulin procède à la mise en place des premières dispositions de ravitaillement et de restrictions pour la population civile. Il exécute les directives gouvernementales contre les militants du Parti communiste, interdit par le gouvernement Daladier le 26 septembre 1939. Le pacte germano-soviétique signé entre l'URSS et l'Allemagne amène les communistes français à s'opposer à une « guerre impérialiste », conformément à la ligne fixée par Moscou. Le ministre de l'Intérieur, Albert Sarraut, a jugé que les préfets, chargés du maintien de l'ordre dans leur territoire et dirigeant les forces de police locales, seraient plus aptes que les instances militaires à mener la répression anticommuniste. Jean Moulin applique les instructions avec l'aide des « commissaires spéciaux » de police qui sont chargés sur le terrain de traquer les militants et d'empêcher leurs actions, notamment la diffusion de *L'Humanité*, qui reparaît sous une forme clandestine à partir de fin 1939. Plusieurs militants sont arrêtés en Eure-et-Loir et l'un des responsables de la fédération départementale est condamné en mars 1940 à trois mois de prison.

La « drôle de guerre » s'interrompt brutalement le 10 mai 1940 avec le déclenchement de l'offensive allemande. L'effondrement de l'armée française en quelques semaines apparaît stupéfiant. Contrairement à une idée reçue selon laquelle ils n'auraient pas fait aussi bien leur devoir que leurs aînés de 1914, les soldats de 1940 se sont pourtant vaillamment battus, comme le montrent les pertes subies (soixante mille tués en seulement six semaines). Mais la supériorité tactique et un meilleur usage des armes modernes (blindés et aviation) dans le cadre d'une guerre dite « éclair » (*Blitzkrieg*) ont donné au Reich un avantage décisif.

Face au chaos de l'exode

Depuis sa préfecture, Jean Moulin est le témoin de l'effondrement général. Il voit passer les nombreux réfugiés lancés sur les routes par l'avance ennemie. Une dizaine de millions de Français participent à cet « exode ». Se situant sur les axes menant vers l'ouest et le sud, la ville de Chartres subit de plein fouet ce vaste mouvement de population. Elle se vide d'abord de ses habitants, qui craignent les bombardements. Sur une population de vingt-trois mille personnes avant la guerre, il ne reste que sept cents à huit cents Chartrains à la mi-juin 1940. Mais la ville accueille également un flux croissant de réfugiés fuyant l'invasion allemande.

Le préfet Moulin doit faire feu de tout bois, dans des conditions extrêmement difficiles, alors que le bateau coule et qu'il faut improviser et imposer des mesures de sauvetage. Le 14 juin, les Allemands sont à Paris. Il reçoit un ordre d'évacuation vers la Loire pour l'ensemble des « affectés spéciaux » qui se trouvent dans son département. Jean Moulin ne comprend pas cette décision, alors que la circonscription est dans une situation critique. En ces jours terribles, la plupart de ces affectés spéciaux – pompiers, fonctionnaires, agents du maintien de l'ordre – sont indispensables.

Du fait de ses fonctions, Jean Moulin est lui-même un affecté spécial et devrait quitter Chartres conformément aux instructions reçues. Pour ne pas abandonner ses administrés, il écrit dans la nuit du 14 au 15 juin une lettre pour le ministre de l'Intérieur, Georges Mandel, afin de lui signifier qu'il « rester[a] à [s]on poste et ne faillir[a] pas à [s]on devoir ». Confiée à son secrétaire général qui doit quitter la préfecture pour cause d'évacuation de cadres administratifs demandée par le gouvernement, cette lettre n'arrivera jamais à destination[2].

Coupé de toute communication avec son autorité de tutelle, Jean Moulin s'improvise gestionnaire de crise et fait preuve d'un remarquable sens de l'initiative. Alors que la ville s'est vidée de ses commerçants, pompiers, médecins, agents municipaux, il se démène sans compter, s'efforce de réquisitionner tout ce qui est possible afin de proposer des repas aux nombreux réfugiés. Le préfet se débrouille avec les moyens du bord. Il s'appuie sur les personnes qui n'ont pas quitté la ville pour s'occuper des tâches urgentes et indispensables. Un rédacteur de journal fait office de directeur du ravitaillement et devient responsable de la répartition des vivres. Un professeur d'une école religieuse assume la charge du service funéraire et s'occupe d'enterrer les morts alors que plusieurs bombardements allemands ont fait des victimes. Un ancien consul improvise dans un hôtel un centre d'accueil pour les réfugiés.

Le 15 juin, le 1er bataillon du 7e dragon traverse Chartres pour prendre position au sud de la ville. À sa tête, le commandant de Torquat est surpris de voir que le préfet est toujours à son poste. Il n'en avait vu aucun depuis la Somme, quittée deux semaines plus tôt pour battre en retraite. Les bombardements allemands s'intensifient. Chartres sombre encore un peu plus dans le chaos. Certains soldats du 7e dragon se livrent à des pillages en se ruant sur les commerces et buvettes de la ville. Des dizaines de magasins sont vidés. Excités par de tels agissements, certains réfugiés se mettent également de la partie. Alors qu'il n'y a plus aucune force de l'ordre disponible pour intervenir contre cette multitude déchaînée, Jean Moulin s'entoure de volontaires pour tenter de ramener le calme. Mais la foule est trop nombreuse. Contraint de se replier à la préfecture, il s'efforce du mieux possible d'organiser des distributions de vivres avec les stocks disponibles et les quelques agents encore en place.

Frappé, torturé par les Allemands

Dans la nuit du 16 au 17 juin, les troupes françaises qui s'étaient installées à Chartres reçoivent l'ordre de se replier. Jean Moulin refuse de se laisser gagner par la résignation générale qui semble toucher la population. Il ne peut pas croire encore que la partie soit définitivement perdue et garde confiance dans un possible sursaut. Il tente même de remonter le moral des soldats qui quittent Chartres : « L'armée se refera derrière la Loire et nous tiendrons[3]. » Dans la dernière lettre écrite sous forme de testament à sa mère et à sa sœur le 15 juin, il se dit également « sûr de notre victoire prochaine grâce à un sursaut d'indignation et à l'héroïsme de nos soldats, qui valent mieux souvent que l'usage qu'on en fait[4] ». Mais au même moment une passation de pouvoir s'effectue à la tête du gouvernement entre Paul Reynaud et le maréchal Pétain. Le premier voulait continuer la lutte aux côtés des Britanniques grâce aux ressources intactes de l'Empire et à la flotte, le second considère la victoire allemande comme inéluctable et souhaite un armistice. Nommé président du Conseil le 16 juin par le président Albert Lebrun, Pétain prononce le 17 juin son premier discours radiodiffusé aux Français. Le maréchal appelle à « cesser le combat » et évoque l'ouverture de négociations avec l'adversaire.

Ce même jour, les avant-gardes allemandes pénètrent dans Chartres. Jean Moulin est à son poste, fermement décidé à protéger ses administrés. Il veut également montrer un visage digne à l'envahisseur malgré la défaite. Sur le pas de la porte de la préfecture, trois officiers appartenant à une « unité de renseignements » du VIIIe corps d'armée se présentent à lui. Un témoin, M. Damestoy, économe de l'école Saint-Ferdinand, a décrit la scène :

« J'ai l'ordre, dit Jean Moulin à l'officier allemand, de me faire prisonnier ici.

— Êtes-vous responsable, demande le commandant ?

— Oui, répond Moulin », qui s'engage à maintenir l'ordre dans la ville et le département où il représente l'État[5].

Les Allemands veulent éviter une situation anarchique dans les territoires qu'ils occupent. Ils laissent à son poste le préfet, dont la mission première consiste à préserver l'ordre public. Jean Moulin est immédiatement confronté à la brutalité de l'occupant. Le 17 juin au soir, deux officiers allemands viennent le chercher. Ils lui montrent des cadavres entassés dans une cour de ferme et affirment qu'il s'agit de femmes et d'enfants massacrés et violés par des soldats africains combattant au sein d'une unité de tirailleurs. Les Allemands demandent au préfet de signer un protocole reconnaissant la responsabilité de ces soldats de couleur mobilisés au sein de l'armée française.

Jean Moulin ne se laisse pas aveugler par la mise en scène. Les corps déchiquetés et criblés d'éclats montrent l'évidence : les femmes et les enfants tués ont été les victimes d'un bombardement de la Luftwaffe. Il s'agit d'une manœuvre de propagande grossière. Elle permet de dédouaner les Allemands du massacre, alors que le nouvel occupant cherche à montrer un visage « correct » auprès de la population civile, en l'imputant aux « soldats noirs » que l'idéologie du vainqueur présente comme des « barbares » et des « sauvages ». En juin 1940, la Wehrmacht ne respecte que rarement les lois de la guerre à leur égard, se livrant à de nombreuses exécutions de soldats qui s'étaient constitués prisonniers[6].

Jean Moulin refuse de signer le document que lui soumettent les Allemands. « Pensez-vous vraiment qu'un Français, qui plus est un haut fonctionnaire, qui a la mission de représenter son pays devant l'ennemi, puisse accepter de signer pareille infamie ? » s'indigne-t-il. Ce refus déclenche une réaction immédiate. Deux officiers le frappent à coups de poing puis à coups de crosse, qui alternent avec les injures et les insultes. Ses bourreaux, des officiers totalement imprégnés de l'idéologie nazie, l'accusent tour à tour d'avoir été « partisan de la guerre contre l'Allemagne », « d'être resté à Chartres pour provoquer les Allemands », d'avoir travaillé pour « le juif Mandel lorsqu'il était ministre de l'Intérieur », d'être le représentant d'un « pays dégénéré, de nègres et de juifs[7] ». Après quoi ils enferment le préfet dans un réduit obscur, avec un cadavre de femme déchiqueté sur lequel il est précipité. On lui redemande à plusieurs reprises de signer le document. Le préfet persiste dans son refus. À chaque fois, les coups pleuvent. On l'emmène ensuite au cœur de la nuit dans une pièce de la conciergerie de l'hôpital de Chartres, où se trouve également un soldat africain prisonnier. Un officier allemand lance en ricanant au préfet : « Comme nous connaissons maintenant votre amour pour les nègres, nous avons pensé vous faire plaisir en vous permettant de coucher avec l'un d'eux[8]. »

Jean Moulin a été brutalisé moralement et physiquement pendant plus de sept heures. Évoquant cette épreuve dans *Premier combat*, il écrit : « Je sais qu'aujourd'hui je suis allé à la limite de la résistance. Je sais aussi que demain, si cela recommence, je finirai par signer […] et pourtant je ne peux pas signer. Je ne peux pas être complice de cette monstrueuse machination qui n'a pu être conçue que par des sadiques en délire. Je ne peux pas sanctionner cet outrage à l'armée française et me déshonorer moi-même[9]. »

La mort plutôt que la honte

Dans la pièce où il est maintenu prisonnier, des débris de verre provenant d'une fenêtre détruite par un bombardement gisent au sol. Jean Moulin a peur d'une défaillance sous la torture qui l'entraînerait à signer un texte déshonorant. Il s'allonge sur l'unique matelas de la pièce, saisit un morceau de verre et s'entaille la gorge. À 5 heures du matin, une sentinelle allemande le trouve gisant dans son sang. Transporté à l'hôpital dans son uniforme de préfet tout maculé de rouge, il est pris en charge par le docteur Foubert. Jean Moulin gardera toujours de cet épisode tragique la marque d'une cicatrice visible au niveau de la gorge, qu'il prendra l'habitude de cacher en portant régulièrement une écharpe.

Le refus de signer un texte contraire à la vérité, comme le lui demandaient les Allemands, et sa tentative de suicide sont souvent présentés comme le premier acte de résistance de celui qui sera ensuite délégué du général de Gaulle et présidera le Conseil national de la Résistance à sa création. Ce geste révèle déjà le courage, le sens de l'honneur et du sacrifice dont il fera preuve au plus haut point au sein de « l'armée des ombres ». Il s'agit indéniablement d'un « premier combat », pour reprendre la formule qu'utilise lui-même Jean Moulin pour servir de titre au journal dans lequel il raconte l'événement[10]. Mais le qualifier d'« acte de résistance » constitue en réalité un anachronisme. Tout d'abord parce que la Résistance en tant que telle n'existe pas le 17 juin 1940. Le gouvernement que dirige le maréchal Pétain ne blâme pas non plus son représentant de s'être comporté de la sorte, en ayant refusé d'obéir à l'occupant. Dans un rapport d'août 1940 adressé à Pétain, l'amiral Auphan, qui préside l'Association de l'administration préfectorale, souligne la conduite héroïque du préfet Moulin lors de l'arrivée des Allemands à Chartres[11]. Enfin et surtout, le choix de Jean Moulin de basculer dans la dissidence et la clandestinité n'apparaît nullement fait au cours de ces premières journées tragiques de l'Occupation.

Alors que le docteur Foubert insiste pour le garder à l'hôpital afin qu'il puisse se rétablir, Jean Moulin décide, une fois reçus les soins nécessaires, de retourner le plus vite possible à la préfecture, qu'il retrouve au cours de la matinée du 18 juin. Ce même jour, en début de soirée, un général presque inconnu s'adresse aux Français sur les ondes de la BBC : « Moi, général de Gaulle, actuellement à Londres, j'invite les officiers et les soldats français qui se trouvent en territoire britannique ou qui viendraient à s'y trouver, avec leurs armes ou sans leurs armes, j'invite les ingénieurs et les ouvriers spécialistes des industries d'armement qui se trouvent en territoire britannique ou qui viendraient à s'y trouver, à se mettre en rapport avec moi. Quoi qu'il arrive, la flamme de la résistance française ne doit pas s'éteindre et ne s'éteindra pas. »

Privé de TSF, blessé dans son corps et dans son âme après la douloureuse épreuve qu'il a subie, Jean Moulin n'a pas entendu l'appel du 18 juin. Son destin ne s'écrit pas encore à Londres puisque le préfet choisit en ces jours tragiques de rester à son poste à Chartres. Cette décision fait de lui au cours des quelques mois qui vont suivre un préfet, et donc un serviteur, de l'État français, ce nouveau régime dirigé par Pétain qui se met en place après que le maréchal obtient les pleins pouvoirs, le 10 juillet 1940.

4

Préfet de Vichy

17 août 1940. Deux mois exactement ont passé depuis que Jean Moulin a tenté de se suicider pour ne pas avoir à valider le texte déshonorant que voulaient lui faire signer des officiers allemands. L'affaire est désormais classée. Le *Feldkommandant* qui s'est installé fin juin à Chartres pour diriger l'administration militaire allemande, le colonel von Gültlingen, est un vieil officier de la noblesse terrienne prussienne. Il cherche à donner l'image d'un vainqueur clément et correct vis-à-vis des occupés. Le maintien de Jean Moulin à son poste représente à ses yeux une garantie pour éviter toute forme de désordre et pour faire redémarrer l'économie du département. Von Gültlingen a même demandé quelques jours plus tôt à se faire photographier dans la cour de la préfecture au côté du préfet, avec lequel il

noue des rapports cordiaux. Le cliché montre deux hommes souriants mais qui gardent une forme de distance. Un foulard blanc dissimule la cicatrice que porte Jean Moulin à la gorge.

S'il se remet petit à petit de sa blessure, le préfet d'Eure-et-Loir est encore convalescent. Le travail, lui, s'accumule. Le haut fonctionnaire reçoit un très grand nombre de courriers émanant des maires du département qui s'inquiètent des conditions nouvelles créées par l'Occupation. Les plaintes sont également très nombreuses au sujet de pillages ou de réquisitions opérés par le vainqueur.

En début de matinée, Jean Moulin quitte ses salons privés de la préfecture. Après avoir salué son personnel, son secrétaire général et son chef de cabinet, il s'installe comme chaque jour à son bureau afin de prendre connaissance des dossiers à traiter. Une pile impressionnante de documents l'attend. Un texte attire son attention : une circulaire d'Adrien Marquet, ministre de l'Intérieur, adressée à tous les préfets[1]. Elle leur demande d'appliquer une loi adoptée par le gouvernement quelques jours plus tôt, le 13 août, qui porte interdiction des « sociétés secrètes[2] ». L'affaire semble urgente et prioritaire.

Jean Moulin est perturbé. Le texte vise clairement la franc-maçonnerie. Les personnes en lien avec l'une des loges de l'organisation ne peuvent plus être fonctionnaires ou agents de l'État. Jean Moulin est fils de franc-maçon. Il possède de nombreux amis dont l'appartenance à cette société secrète est notoire. Le préfet prend le stylo rouge qui se trouve près de son encrier. Il marque de sa main sur le texte de la circulaire : « À classer ». Alors que le ministère de l'Intérieur insiste pour une application immédiate de la loi du 13 août 1940, Jean Moulin temporise. Il ne relaiera la circulaire aux sous-préfets, maires et chefs d'établissement public que le 13 septembre, soit quasiment un mois après l'avoir reçue.

En découvrant la teneur de cette loi, Jean Moulin perçoit le piège dans lequel le place sa position de préfet, alors qu'un nouveau pouvoir prend pied après la défaite et que la nature de l'État qu'il doit servir n'est plus la même. Le régime dirigé par le maréchal Pétain, par sa politique autoritaire, antidémocratique, conservatrice et répressive, ne peut que heurter profondément un homme élevé dans les valeurs républicaines. Pendant plusieurs mois, jusqu'à sa révocation début novembre 1940, Jean Moulin connaît ce cas de conscience inévitable qui se pose à tout fonctionnaire tenu par son devoir d'obéissance de respecter le pouvoir en place même s'il n'en partage pas les idées.

Moulin reste à son poste

Contrairement au général de Gaulle, qui fait le choix de la rébellion en appelant, le 18 juin, à refuser la logique de l'armistice et qui s'oppose au chef de l'État, Philippe Pétain, Jean Moulin adopte à l'été 1940 une position « légaliste ». Il n'appartient pas à la catégorie des « pionniers de la résistance », ceux qui dès les premières semaines qui suivent la défaite agissent contre l'occupation allemande et la collaboration pratiquée par Vichy.

Analysant la situation, il considère que c'est en restant à son poste de préfet qu'il sera le plus utile. Protéger ses administrés est pour lui un devoir sacré dans le contexte difficile de l'emprise allemande[3]. Il souhaite montrer au vainqueur que l'administration française reste digne dans la défaite et ne renonce pas à ses missions. Le préfet d'Eure-et-Loir n'est pas le seul à se comporter de la sorte. Aucun haut fonctionnaire en poste ne démissionne au cours de l'été 1940, à l'exception de l'ambassadeur à Belgrade, Brugère. Mais le choix de la neutralité oblige à de terribles compromis vis-à-vis des Allemands et du nouveau pouvoir installé à Vichy.

Si Jean Moulin décide de continuer à tenir ses fonctions fin juin 1940, encore faut-il qu'il soit maintenu par les nouvelles instances. Or, il a été dans l'équipe de Pierre Cot. Accusé d'avoir affaibli l'aviation française, ce dernier est présenté par la propagande vichyste comme l'un des responsables de la défaite. Ce motif aurait pu entraîner sa révocation instantanée. Il n'en est rien. Jean Moulin ne fait pas partie des trente-cinq préfets et sous-préfets « juillétisés » et mis en congé immédiat en application d'un décret du 17 juillet 1940 s'appliquant aux fonctionnaires considérés comme « peu sûrs ». Son poste en zone occupée a certainement joué en sa faveur. Alors que les Allemands mettent en place dans tous les départements leur propre administration militaire, il vaut mieux maintenir face à eux des préfets expérimentés et efficaces et préférer une forme de continuité. Par ailleurs, le premier ministre de l'Intérieur de Vichy, le maire de Bordeaux, Adrien Marquet, est un ancien socialiste. Il n'impose pas encore une épuration systématique de tous les hauts fonctionnaires qui ont pu montrer une sympathie pour la gauche avant la guerre.

Comment coopérer avec l'occupant ?

En demeurant à son poste, Moulin accepte les conditions d'existence imposées par le vainqueur. L'armistice conclu dans la clairière de Rethondes le 22 juin 1940, entraîne une mécanique effroyable. Contrairement à une simple capitulation militaire, que Pétain et son entourage avaient repoussée pour ne pas faire peser la responsabilité de la défaite sur l'armée française seule, il engage le gouvernement et son administration à en faire respecter les conditions. Le traité pose dès le départ le principe d'une collaboration avec le vainqueur : l'administration française en zone occupée doit coopérer loyalement avec l'administration militaire allemande et assurer les droits de la puissance occupante.

Comme tous les préfets de la zone occupée, Jean Moulin se doit de respecter l'article n° 3 de la convention d'armistice régissant les rapports entre l'administration française et les autorités d'occupation. Le 25 juin, l'occupant le convoque à la *Kommandantur* de Chartres pour préciser ce qu'on attend de lui. Les services publics français doivent reprendre au plus vite et fonctionner dans leur cadre habituel. Au préfet de remettre en marche l'activité dans son département après plusieurs semaines de chaos provoqué par les événements militaires. Le *Feldkommandant* précise également qu'il surveillera et contrôlera directement son travail. Quelques semaines plus tard, le 18 juillet, Jean Moulin reçoit du ministère de l'Intérieur le texte complet de l'armistice, confirmant que l'administration française doit coopérer avec le vainqueur dans les territoires occupés.

Le préfet d'Eure-et-Loir s'acquitte du mieux possible de son rôle dans ce contexte si particulier. Il sert d'intermédiaire entre la population et les Allemands. Dans sa première proclamation effectuée à ses administrés après les débuts de l'Occupation, il déclare : « Je vous invite à accueillir les événements avec calme et dignité. Plutôt que de se livrer à de vains commentaires, chacun doit reprendre son poste. Je n'ai à aucun moment quitté le mien et, dans toute la mesure du possible, je continuerai à vous apporter mon concours et celui de mon administration [...]. Les seuls mots d'ordre doivent être : travailler, s'entraider[4]. » En s'adressant le 12 septembre aux maires du département et aux sous-préfets, il leur demande « d'entretenir des rapports avec les autorités occupantes sur le terrain d'une collaboration courtoise et loyale, ce qui ne saurait exclure la dignité et la fermeté que les circonstances demandent[5] ».

Jean Moulin multiplie les interventions auprès de la *Feldkommandantur* pour se plaindre de réquisitions autoritaires et de pillages opérés par les troupes occupantes. Le préfet ne s'abandonne à aucune concession sur les questions de principe et tente de profiter de la faible marge de manœuvre qu'il lui reste pour s'opposer à des directives allemandes. Il refuse par exemple de rédiger en allemand les documents administratifs comme le lui demande la *Feldkommandantur* de Chartres, car cela ne figure pas dans la convention d'armistice[6]. Les Allemands, toutefois, n'ont pas à se plaindre du préfet d'Eure-et-Loir. Ils semblent même apprécier son travail. Il est vrai que Jean Moulin, conformément à sa mission, a su faire redémarrer l'activité dans son département et éviter les désordres. Une situation qui satisfait la puissance occupante. Quand le *Feldkommandant*, le colonel von Gültlingen, est remplacé à la fin septembre 1940, il écrit au préfet une lettre d'adieu exprimant son désir sincère que sa collaboration avec le nouveau commandant puisse se faire dans les mêmes conditions que celles qu'ils avaient pu entretenir ensemble. Ce qui sera manifestement le cas, puisque son successeur, le major Ebmeier, indique dans l'un de ses rapports que « le travail avec lui [le préfet Moulin] est satisfaisant[7] ». Il se montrera même déçu de la révocation de ce préfet efficace début novembre, tentant d'obtenir un délai de trois mois supplémentaires pour le conserver à son poste[8].

L'illusion de servir son pays avec Vichy

Si le préfet d'Eure-et-Loir doit composer avec les conditions nouvelles liées à l'occupation de son département, il lui faut aussi appliquer la législation du gouvernement et servir le régime qui s'installe au cours des semaines qui suivent la défaite. Lequel fait de la petite ville thermale de Vichy, dans l'Allier, sa capitale en zone non occupée. La rupture est immédiate avec la IIIe République, que le maréchal Pétain condamne en bloc et rend en grande partie responsable des événements de 1940. Une pratique autoritaire du pouvoir se met en place. Un véritable culte de la personnalité entoure Pétain, auquel les parlementaires ont confié les pleins pouvoirs lors de la réunion du Congrès dans la salle du casino de Vichy le 10 juillet. Toute vie démocratique et parlementaire est suspendue. La politique dite de « révolution nationale » veut redresser le pays. Elle constitue à la fois une sorte de retour à « l'ordre moral », entraîne la suppression de nombreuses libertés individuelles et se traduit par un renforcement considérable de la répression à l'égard de tous les opposants ou de ceux que l'État français juge « indésirables ».

Pour mettre en œuvre sa politique, le régime de Vichy veut faire des préfets les principaux relais de la « révolution nationale » sur le plan local. Leur rôle et leur pouvoir sont renforcés. Une circulaire du 7 août 1940 du ministre de l'Intérieur, Adrien Marquet, leur précise : « Vous étiez des agents d'exécution, vous serez désormais des hommes d'action. Vous étiez des fonctionnaires, vous serez des chefs [...]. Votre carrière ne dépend plus de l'importance de vos protecteurs mais de votre initiative, de votre conscience, de votre travail[9]. »

Du fait de ses fonctions, Jean Moulin sert donc pendant plusieurs mois l'État français. Si la rupture avec les valeurs républicaines auxquelles il était si attaché a pu le heurter intérieurement, les archives n'ont pas gardé la trace d'une telle réaction. La situation ne semble pas non plus l'amener à envisager une démission.

Les décrets et ordonnances à mettre en œuvre dans son département se multiplient sur son bureau. Ils témoignent de la nature répressive, autoritaire et antisémite du nouveau régime. Après la loi du 13 août 1940 concernant l'interdiction des associations secrètes, le préfet doit également appliquer les dispositions de la loi du 3 octobre 1940 portant sur le « statut des Juifs », de celle du 4 octobre autorisant l'internement des Juifs étrangers dans des « camps spéciaux », du 12 octobre portant suspension du conseil général élu remplacé par un conseil administratif nommé, du 24 octobre demandant d'intensifier les poursuites contre toute forme de propagandes gaullistes.

La façon dont Jean Moulin s'est acquitté de son rôle et a appliqué la législation de Vichy en Eure-et-Loir est difficile à évaluer et suscite toujours des débats. En ce qui concerne la loi déjà évoquée entraînant l'interdiction de la franc-maçonnerie, le préfet Moulin n'a clairement guère fait de zèle. Après avoir donc attendu un mois pour relayer la circulaire du ministère de l'Intérieur aux sous-préfets, maires et chefs d'établissement, il adresse le 29 octobre 1940 à Vichy les résultats concernant l'Eure-et-Loir : « Tout le personnel municipal et autre de mon département a souscrit à la déclaration prévue par la dite loi. Tous ont déclaré n'avoir jamais appartenu aux organisations dont il s'agit, sauf 6 fonctionnaires dont 5 municipaux qui ont déclaré avoir rompu toute attache avec les dites sociétés secrètes[10]. »

Jean Moulin ne se livre pas non plus dans sa circonscription à l'épuration que souhaite voir mise en place Vichy dans l'administration locale et les municipalités à l'égard des personnalités les plus liées à la IIIe République. Aucun maire ou conseiller municipal n'est inquiété en Eure-et-Loir au cours de la période, alors que le régime de Vichy encourage l'instauration de « délégations spéciales » destinées à remplacer les municipalités élues les plus marquées à gauche.

Concernant la répression des menées communistes, le préfet Moulin semble avoir davantage agi selon les textes en vigueur. Mais, en l'occurrence, cette politique était en conformité avec des décisions prises auparavant. Le Parti communiste avait été interdit par Édouard Daladier le 26 septembre 1939, à cause du pacte de neutralité signé entre Hitler et Staline un mois plus tôt. Département rural, l'Eure-et-Loir n'a pas connu une activité communiste intense au cours de la période, alors que le Parti se reconstitue dans la clandestinité. Les militants agissent surtout dans les grandes villes, au sein du monde ouvrier. Le préfet Moulin fait preuve de vigilance et signale à sa hiérarchie l'existence des quelques imprimés de propagande communiste découverts dans sa circonscription. Il informe le 2 novembre 1940 le ministre de l'Intérieur de l'arrestation près d'Épernon d'un militant communiste, Albert P., employé des chemins de fer, qui semble être le principal responsable de la diffusion de tracts dans le département[11].

L'attitude de Jean Moulin à l'égard de la législation antisémite est plus difficile à saisir. Le préfet applique les mesures concernant le statut des juifs du 3 octobre 1940 tout en effectuant des démarches officielles pour obtenir des dérogations en faveur de plusieurs médecins et d'un enseignant qui ne peuvent plus exercer leur métier parce qu'ils sont juifs. Il répond favorablement aux demandes de l'occupant qui exige un recensement des juifs en zone occupée selon une ordonnance du 27 septembre 1940. Le 9 novembre, une semaine avant son départ définitif de Chartres, il communique à la *Feldkommandantur* trois listes de juifs, résultat du recensement effectué en Eure-et-Loir. Cent vingt personnes au total. Il transmet également des renseignements sur les entreprises juives en exécution d'une autre ordonnance, datée du 18 octobre 1940[12]. Les listes fournies aux Allemands contiennent les noms des juifs qui ont répondu volontairement au recensement[13]. Le préfet Moulin ne semble cependant avoir donné aucun ordre pour rechercher ceux qui ne sont pas venus spontanément se signaler, alors même qu'une circulaire de Vichy du 27 octobre somme les préfets de la zone occupée d'utiliser tous les moyens à leur disposition pour optimiser ledit recensement. Si ces listes seront ensuite un outil terrible exploité à des fins génocidaires, il convient cependant de rappeler qu'à l'époque personne en France ne pouvait se douter de l'utilisation qui en serait faite[14].

Une révocation brutale…

La carrière préfectorale de Jean Moulin s'interrompt brutalement le 2 novembre 1940 lorsque Philippe Pétain signe le décret le relevant de ses fonctions. Le texte spécifie que « tout en étant un fonctionnaire de valeur », il apparaît comme « trop prisonnier du régime ancien ». Jean Moulin n'avait pas été concerné par la première grande vague d'épuration menée au sein de l'administration en juillet-août 1940. Il n'échappe pas à la seconde, celle de la fin de l'automne. Le changement de ministre de l'Intérieur n'y est certainement pas étranger. Si l'ancien parlementaire et militant socialiste Adrien Marquet pouvait encore tolérer le préfet républicain Jean Moulin, Marcel Peyrouton, nommé à la tête du ministère en septembre 1940, est un idéologue dont l'antirépublicanisme est beaucoup plus marqué. Le fait que Jean Moulin, outre ses engagements passés et sa proximité avec le Parti radical, ait maintenu en place l'ensemble des maires et conseillers élus en 1936 a également pesé dans sa révocation.

Conformément aux usages, Jean Moulin demeure en poste jusqu'à l'arrivée de son successeur. Le

16 novembre 1940, il accueille Charles Donati, le nouveau préfet nommé par Vichy. Après avoir fait le point avec lui sur les principaux dossiers, il quitte ensuite en simple citoyen Chartres, où il était installé depuis février 1939. C'est un homme seul qui emporte avec lui ses quelques affaires, puisque l'ancien haut fonctionnaire n'a ni épouse ni enfant. Il décide de rejoindre sa mère et sa sœur dans le sud de la France, mais il doit obtenir pour cela le laissez-passer indispensable pour pouvoir franchir la ligne de démarcation. Il lui faut donc se rendre à Paris. Avant son départ, le préfet Moulin a adressé une dernière circulaire aux quatre cent vingt-six maires de l'Eure-et-Loir : « Après 23 années passées au service de la République, je pars sans amertume, conscient d'avoir rempli ma dernière tâche sans défaillance [...]. Dans des heures difficiles, nous avons travaillé, lutté et souffert ensemble. Vous permettrez que ma dernière pensée soit pour vous exprimer ma profonde reconnaissance et pour vous dire aussi ma foi immuable dans la destinée de la France[15]. »

5

L'entrée en résistance

Le docteur Marcel Recordier est un médecin généraliste bien connu dans son quartier, à Marseille. La quarantaine, il a toujours l'air concentré des cliniciens en consultation. Comme chaque jour, en cet après-midi de mai 1941, il ouvre la porte de son appartement situé au 67, rue de Rome : mais cette fois, il se retrouve face à un inconnu. Cet homme ne fait partie ni de sa clientèle ni de ses connaissances habituelles. Recordier appartient à un noyau de résistants constitué dans la cité phocéenne autour du capitaine Henri Frenay. C'est au domicile du praticien que la petite organisation a pris en novembre 1940 le nom de « Mouvement de libération nationale » et que Frenay en a rédigé le premier tract.

Le médecin comprend immédiatement à son costume et à sa tenue que son visiteur appartient plutôt aux catégories aisées. Chose inhabituelle en revanche pour la saison, alors que les températures sont déjà élevées à Marseille, ce personnage ne quitte pas son écharpe. L'homme qui se fait appeler Joseph Mercier, pour ne pas révéler sa véritable identité, n'est autre que Jean Moulin. Il a été recommandé au docteur Recordier par le père Brooks, un pasteur américain venu en France à la demande des services secrets alliés pour s'informer de la situation des premiers groupes de Résistance. Du fait de sa localisation, de la présence de nombreux réfugiés et des filières qui se mettent en place pour quitter le territoire, Marseille représente en ce printemps 1941 une véritable plaque tournante pour les premières organisations clandestines. Les petits groupes dissidents qui se développent de façon autonome et isolée tentent d'entrer en contact. Du fait de la mission qui lui a été donnée, le père Brooks sert d'intermédiaire. Lorsque s'est présenté à lui un ancien préfet expliquant vouloir rencontrer des résistants, le pasteur décide de l'orienter vers le chef du Mouvement de libération nationale, Henri Frenay.

Le docteur Recordier reçoit Jean Moulin dans son salon. Frenay s'y trouve déjà. Les deux hommes ne se sont jamais vus et ne se connaissent pas. Une poignée de main franche, un échange de regards assurés : ils comprennent immédiatement qu'ils appartiennent au même camp. Il règne dans le salon du docteur une atmosphère de carbonarisme et de complot contre le régime en place, auquel s'opposent l'ancien officier et l'ancien haut fonctionnaire, tous deux entrés en dissidence.

Frenay évoque la façon dont il a quitté quelques semaines plus tôt l'armée d'armistice avec fracas, déclarant dans sa lettre de démission adressée le 24 janvier 1941 au ministre de la Guerre, le général Huntziger, son désaccord total avec la politique de collaboration pratiquée par le pouvoir en place[1]. Il présente les différentes activités qu'il a développées depuis l'automne 1940 au sein de son mouvement, notamment la réalisation de petits bulletins clandestins, *Les Petites Ailes* puis *Vérité*. Frenay ne cache pas les difficultés auxquelles doit faire face son organisation, notamment le manque d'argent et de moyens, mais aussi l'impossibilité de s'implanter en zone occupée du fait des contraintes que représente la ligne de démarcation. Il évoque l'existence de deux autres mouvements dont l'organisation est assez proche du sien : Liberté, dirigé par l'universitaire François de Menthon, avec lequel il a déjà pu établir des contacts, et Libération, dont il ne connaît pas le chef.

Jean Moulin écoute attentivement. Tout en prenant de nombreuses notes sur un petit carnet disposé sur ses genoux, il n'hésite pas à interrompre son interlocuteur pour lui poser des questions, toujours très précises, avec un sens particulier du détail. L'ancien préfet expose à son tour sa trajectoire depuis la défaite de 1940. Il explique vouloir rejoindre Londres afin de présenter au général de Gaulle un tableau de la Résistance naissante en France[2].

Cette première rencontre entre l'ancien préfet Jean Moulin et le chef du Mouvement de libération nationale aura une influence déterminante à la fois dans leur trajectoire personnelle et, plus globalement, pour l'histoire de la Résistance.

Recherche famille désespérément

Involontairement, Vichy a poussé Moulin vers la dissidence. Sa révocation l'a libéré de ses obligations. Déjà, avant de quitter Chartres, il a pris soin de se faire établir par sa préfecture une fausse carte d'identité au nom de Joseph Mercier, professeur de droit ayant exercé aux États-Unis. Ce geste témoigne de sa volonté immédiate de se doter d'une couverture pour agir tout en échappant à la surveillance de Vichy. Le choix de sa nouvelle identité ne doit rien au hasard. Il révèle déjà le souci de Jean Moulin des règles de sécurité propres à la clandestinité. Quelque chose d'assez rare parmi les premiers résistants, qui ne prennent pas toujours ce genre de précautions. Les initiales de son pseudonyme sont en cohérence avec celles de son véritable nom et donc avec l'ensemble de ses effets personnels, qui sont marqués, comme c'est l'usage à cette époque, des deux lettres « JM ». En cas de contrôle, le moindre mouchoir brodé peut révéler l'utilisation d'une fausse identité. Joseph Mercier est né en 1896 à Péronne, une ville dont les archives ont été détruites durant la guerre, ce qui empêchera toute vérification de la part de l'administration vichyste.

Jean Moulin a-t-il déjà formé le projet de se rendre à Londres pour y rencontrer le général de Gaulle ? Une autre option s'offre à lui, plus rationnelle au regard de son passé : rejoindre les États-Unis, où se trouve son ami et mentor Pierre Cot. L'ancien ministre de l'Air a d'abord été la première personnalité politique en vue à rejoindre Londres en 1940. Mais de Gaulle avait refusé de le recevoir, car il ne voulait pas froisser son entourage essentiellement composé de militaires plutôt hostiles au Front populaire. Vexé, Pierre Cot a fait le choix de s'exiler aux États-Unis. Il n'y reste pas inactif et commence immédiatement à nouer des contacts auprès des milieux antifascistes. Aidé de son ancien conseiller, Louis Dolivet, qui le rejoint à New York début janvier 1941, Pierre Cot cherche à réactiver les réseaux du Rassemblement universel pour la paix (RUP), machine de propagande antifasciste développée à l'époque du Front populaire.

Jean Moulin et Pierre Cot renouent le contact à la fin de l'année 1940. L'ancien ministre semble bien avoir cherché à faire venir son ancien chef de cabinet à ses côtés. Le 7 février 1941, un passeport est délivré au professeur Joseph Mercier ainsi qu'un visa lui permettant de rejoindre les États-Unis. Un tel document ne peut être fourni qu'en échange d'une caution émanant d'une personne habitant sur le sol américain. En l'occurrence, il ne peut s'agir que de l'ancien ministre de l'Air exilé à New York. En envoyant en France, avec l'aval des services secrets américains et britanniques, le pasteur Brooks pour qu'il se livre à un recensement des mouvements de résistance, en vue de pouvoir ensuite les fournir en argent et éventuellement en armes, c'est sans doute Pierre Cot qui a indirectement suggéré à Jean Moulin l'idée de rédiger un rapport sur les premières organisations clandestines en France.

Après avoir quitté Chartres, Jean Moulin séjourne à Paris du 16 novembre au 1er décembre 1940 afin d'obtenir l'*Ausweis* nécessaire pour gagner la zone non occupée, où l'ancien préfet souhaite rejoindre sa famille. Il profite de ce séjour pour reprendre contact avec quelques amis. Il retrouve notamment Pierre Meunier, rencontré au sein du cabinet de Pierre Cot, et Gaston Cusin, avec qui il avait collaboré lors du Front populaire pour développer l'aide aux républicains espagnols. Les premiers réseaux que tente de réactiver Moulin concernent à cette date d'anciens proches de Pierre Cot. Selon le témoignage de Pierre Meunier fourni après la guerre, Moulin évoqua avec lui sa volonté d'essayer de « contacter les groupuscules de résistants qui commençaient à se former aussi bien en zone sud qu'en zone nord[3] ». Alors qu'il s'apprête à partir pour la zone sud, il lui demande d'essayer de contacter les premiers noyaux de résistance qui se développent à Paris. Pour le seconder dans cette tâche, Pierre Meunier fait appel à Robert Chambeiron, qui a lui aussi travaillé aux côtés de Pierre Cot en 1936.

Le 1er décembre 1940, muni de son *Ausweis*, Jean Moulin traverse la ligne de démarcation en train et se rend à Montpellier, où habitent sa mère et sa sœur, Laure. Après tant d'épreuves, les retrouvailles de Jean Moulin avec sa famille sont émouvantes. En quelques mois, l'homme a vieilli et apparaît marqué par ce qu'il a subi. La cicatrice provoquée par sa tentative de suicide du 17 juin 1940 est très apparente et le gêne considérablement. Elle occasionne des petits étranglements à chaque fois qu'il mange. L'ancien préfet passe de longs moments seul et isolé de sa mère et de sa sœur. Replié dans sa chambre, il réfléchit et médite sur la situation de son pays et la conduite à adopter[4].

L'homme au foulard et au chapeau

Jean Moulin commence les démarches nécessaires pour quitter le territoire. Il se rend le 7 décembre 1940 à Toulouse auprès d'un ancien collaborateur de Maurice Viollette, qui est désormais secrétaire général de la préfecture de Haute-Garonne. Confiant dans sa discrétion et pensant pouvoir compter sur lui, Moulin demande les passeports et visas dont il a besoin. Il se heurte à un refus. Prévenu par son second, le préfet de Haute-Garonne adresse un télégramme au ministre de l'Intérieur : « Suis informé que M. Jean Moulin, ancien préfet d'Eure-et-Loir, ferait démarches pour essayer de quitter territoire national. Vous en avise à toutes fins utiles[5]. »

S'il veut réussir à quitter la France, l'ancien préfet doit redoubler de précautions puisqu'il fait désormais l'objet d'une surveillance. Lorsqu'il séjourne chez sa famille à Montpellier ou dans la petite maison familiale de Saint-Andiol, il conserve sa véritable identité. Jean Moulin se fait enregistrer auprès de l'administration comme un propriétaire de Saint-Andiol cultivant ses terres. Il s'inscrit en revanche systématiquement sous le nom de Joseph Mercier dans les hôtels qu'il fréquente à chacun de ses déplacements. Pour éviter d'être reconnu, il transforme son physique, se laisse pousser la moustache et porte de grosses lunettes fumées. Un feutre baissé sur ses yeux dissimule son visage. Un foulard, une écharpe ou un cache-nez recouvre sa blessure à la gorge, une caractéristique physique immédiatement repérable et susceptible de le trahir[6].

Mentir au procès de la défaite

Début mai 1941, l'ancien chef de cabinet de Pierre Cot reçoit à Saint-Andiol, où il est domicilié sous sa véritable identité, une convocation pour une déposition dans le cadre d'un procès qui se prépare à Riom. Le régime de Vichy veut livrer des responsables à l'opinion traumatisée par la défaite. Une Cour suprême de justice est instituée en juillet 1940 pour « juger les ministres, les anciens ministres ou leurs subordonnés immédiats [...] accusés d'avoir trahi les devoirs de leur charge dans les actes qui ont concouru au passage de l'état de paix à l'état de guerre avant le 4 septembre 1939 et dans ceux qui ont ultérieurement aggravé les conséquences de la situation ainsi créée[7] ». Tout est fait cependant pour que ce procès soit d'abord celui du Front populaire et des derniers gouvernements de la IIIe République puisque la période concernée par les faits jugés doit se limiter à 1936-1940. Cela permet de ne pas aborder les décisions antérieures à 1936... et le rôle du maréchal Pétain, ministre de la Guerre dans le gouvernement Doumergue en 1934.

Aux côtés des anciens présidents du Conseil Léon Blum, Édouard Daladier ou Paul Reynaud, Pierre Cot figure parmi les personnes mises en accusation même s'il n'est jugé que par contumace par suite de son exil aux États-Unis. Vichy accuse le ministre de l'Air du Front populaire d'avoir désarmé l'aviation française et entretenu des amitiés avec le régime soviétique avec lequel il souhaitait passer des alliances.

Se rendre à Riom peut présenter un risque pour Jean Moulin. Certains membres de son entourage craignent une arrestation, car il pourrait être coïnculpé du fait des responsabilités importantes exercées auprès du ministre. Mais l'ancien chef de cabinet n'a en réalité guère le choix. Son absence pourrait être interprétée comme une dissidence à l'égard du régime et donner lieu à un renforcement de la surveillance dont il fait l'objet.

Jean Moulin arrive à Riom le 5 mai 1941. Il règne dans cette petite ville du Puy-de-Dôme une atmosphère pesante de « Terreur blanche » à l'égard des anciens dirigeants de la IIIe République. Les symboles du nouveau régime sont partout.

Les portraits de Pétain figurent sur de nombreuses affiches et ornent les bâtiments officiels. L'ancien préfet est introduit au palais de justice pour être mis en présence du juge Paul Tanon, conseiller à la Cour de cassation, qui l'interroge et reçoit sa déposition. Les questions sont sèches et l'interrogatoire est tout sauf agréable. Interrompue par la pause de midi, l'audition dure plusieurs heures.

En dépit du contexte et du regard accusateur du juge Tanon, Jean Moulin ne se démonte pas. Il reste fidèle à son ancien patron, dont il tente de défendre l'action malgré les nombreuses calomnies développées contre lui :

« À mon avis, M. Pierre Cot a été l'homme le plus mal jugé de son époque et je lui conserve toute mon estime, tant sur le plan politique que sur le plan intellectuel et moral. Par ailleurs, son patriotisme ne peut être soupçonné. Il avait eu une très belle conduite pendant la guerre et il a continué à manifester son patriotisme pendant toute la durée de son ministère. Il a fait, à mon avis, tous ses efforts pour améliorer l'état de l'aviation dans les limites des possibilités qui lui étaient offertes et des crédits qui lui étaient accordés[8]. »

L'ancien chef de cabinet prend toutefois bien soin de taire l'aide clandestine, l'envoi d'avions et de pilotes en faveur de la République espagnole, alors qu'il avait directement été impliqué en participant au comité secret constitué par Léon Blum. Jean Moulin sait pertinemment que cette action est susceptible d'alourdir le dossier d'accusation. Face au juge Tanon qui l'interroge sur ce chapitre, il se contente d'affirmer : « La date de l'embargo est, je crois, du milieu de juillet 1936. Je n'ai pas eu connaissance de livraisons postérieures à cette date[9]. »

Des premiers contacts fructueux

En ce début d'année 1941, Jean Moulin sait que les actions de résistance sont en train de changer de nature. Aux premiers actes émanant d'initiatives isolées succèdent désormais des actions organisées avec l'apparition des premiers « mouvements » qui ont commencé à se constituer un peu partout en France mais qui semblent plus particulièrement présents en zone sud, où l'absence d'occupation allemande facilite les activités clandestines, même si la police de Vichy traque les opposants.

C'est par l'intermédiaire du régime de Vichy que Jean Moulin a reçu les premières informations circonstanciées sur les débuts de la Résistance en France. Lorsqu'il était encore préfet, il a pu lire une circulaire du 24 octobre 1940 du ministre de l'Intérieur présentant un tableau des premières actions dissidentes : « Selon des informations précises et concordantes provenant d'excellentes sources, l'activité séditieuse des partisans de l'ex-général de Gaulle tend actuellement à s'accroître et à entrer dans une phase particulièrement active. Des centres clandestins d'adhérents à ce mouvement sont actuellement constitués à Lyon, à Marseille, à Paris, dans la région de Clermont-Ferrand, dans les Alpes-Maritimes et en Afrique du Nord[10]. »

Nouer des contacts avec ces organisations qui se développent de façon cloisonnée et se méfient de possibles infiltrations se révèle difficile. L'ancien préfet est informé de la dissidence que mène le général Cochet, qu'il connaissait depuis son passage au cabinet de Cot. Il s'agit même de la première action résistante concrète dont il semble avoir eu connaissance. Depuis septembre 1940,

Cochet diffuse des textes en zone sud, signés de son nom, expliquant que les Allemands ne pouvaient gagner la guerre et appelant les Français à reprendre espoir, à s'unir et à résister à l'envahisseur. Mais Cochet ne condamne toutefois dans ces textes pas explicitement la politique du maréchal Pétain et refuse de soutenir de Gaulle, qu'il considère comme un simple « rebelle[11] ». Moulin est informé de son action par l'un des collaborateurs du général qu'il connaît, l'officier Léonard Martin. Il ne rencontre pas directement Cochet, qui sera arrêté par la police de l'amiral Darnand en juin 1941.

Sa rencontre avec Henri Frenay à Marseille à la fin du printemps 1941 constitue le premier contact avec l'un des chefs de la Résistance naissante[12]. Jean Moulin se voit confirmer l'existence des mouvements en zone sud et obtient des informations précises sur leurs activités. Quelques semaines après son entrevue avec le chef du MLN, il se rend à Annecy, où réside une autre personnalité importante de la Résistance en zone sud, l'universitaire François de Menthon. Frenay lui en avait parlé. Professeur d'économie politique à l'université de Nancy avant la guerre, de Menthon est une figure du catholicisme social et du Parti démocrate populaire. Blessé lors de la campagne de 1940, il se retire après la défaite dans son château familial de Menthon-Saint-Bernard, sur les hauteurs du lac d'Annecy, et obtient sa mutation à l'université de Lyon. S'il confesse un certain maréchalisme au début de l'Occupation, Menthon est farouchement opposé à la collaboration. Il partage en cela une ligne très proche de celle qu'adopte Henri Frenay, ce qui explique les contacts importants développés par les deux hommes dès 1941. En novembre 1940, l'universitaire lance à Annecy un journal clandestin, *Liberté*, dont le tirage augmente rapidement après la délocalisation au début de 1941 du centre d'impression à Marseille. *Liberté* est diffusé dans toute la zone sud. Menthon profite de son réseau académique pour développer son mouvement, qui s'appuie à Montpellier sur Pierre-Henri Teitgen et René Courtin, à Clermont-Ferrand sur René Capitant ou Alfred Coste-Floret[13], tous juristes.

Avant de quitter la France pour rejoindre Londres, Moulin n'a donc rencontré directement (en ne les voyant qu'une seule fois chacun) que deux chefs de mouvement, Frenay et Menthon, ce qui lui permet d'avoir connaissance de leurs organisations respectives, le Mouvement de libération nationale et Liberté. Il a entendu parler d'un troisième groupe, Libération, mais n'en a qu'une connaissance indirecte et ne connaît pas son chef, le journaliste Emmanuel d'Astier de La Vigerie. Le mouvement Franc-Tireur, qui a commencé à se constituer dans la région de Lyon, lui reste inconnu. S'il a tenté à plusieurs reprises lors de ses séjours à Paris de nouer des contacts avec les premiers noyaux de résistants et chargé son ami Pierre Meunier d'enquêter pour lui, les premières investigations ne donnent guère de résultats. Moulin et Meunier ont surtout sollicité d'anciennes connaissances rencontrées lorsqu'ils étaient aux responsabilités sous le Front populaire. Or, les premiers groupes de résistants parisiens se forment plutôt en dehors des organisations politiques et syndicales traditionnelles, comme le montre l'exemple du réseau dit « du musée de l'Homme », constitué autour de la figure de Boris Vildé, qui publie à partir de décembre 1940 le journal *Résistance*[14].

Un séjour forcé à Lisbonne

Après six mois d'attente et de démarches, Jean Moulin obtient finalement, le 19 août, sous sa fausse identité de Joseph Mercier un visa portugais, puis le 20 août un visa espagnol. Son absence du sol français doit absolument passer inaperçue aux yeux des services de Vichy, alertés de sa volonté de quitter le territoire. Il risque sinon d'être poursuivi... Jean Moulin élabore alors un stratagème avec ses proches. Il rédige trois cartes interzones adressées à sa mère et à sa sœur, qu'une cousine, Marcelle Sabatier, sera chargée de poster depuis Paris à intervalles réguliers pour accréditer l'idée d'un séjour prolongé en zone occupée. Il convient également avec sa sœur, Laure, de plusieurs moyens pour lui donner de ses nouvelles. D'abord, dès son arrivée en Espagne, il lui adressera en gare d'Avignon une lettre au nom de Lise Berenger. En Angleterre, Moulin fera ensuite passer un message sur les ondes de la BBC à destination de sa famille : « Henri Delacour bien arrivé[15]. »

Le 20 août 1941, l'ancien préfet fait ses adieux à sa mère et à sa sœur pour gagner Marseille afin de faire renouveler son visa américain et de rejoindre ensuite la péninsule Ibérique. Parti de Marseille le 9 septembre, il franchit la frontière à Cerbère, passe par Barcelone et Madrid puis arrive à Lisbonne le 12. Le 13, il se présente à l'ambassade de Grande-Bretagne. Un officier britannique, le major Mortimore, le reçoit chaleureusement. Officiellement membre du personnel diplomatique, ce dernier est en réalité un agent des services secrets, membre du SOE (*Special Operations Executive*), cette institution créée spécialement par Churchill en juillet 1940 pour agir sur le continent européen dans le contexte de la guerre. Le SOE a déployé de nombreux agents en Espagne et au Portugal alors que les membres de l'Abwehr, les services de renseignements de la Wehrmacht, y sont également très présents, dans la guerre de l'ombre que se livrent les services secrets alliés et allemands. Mortimore a été averti de la venue de Jean Moulin par ses homologues américains, qui ont eu vent de sa démarche et de sa demande de visa. Il télégraphie immédiatement à Londres pour annoncer la présence de l'ancien préfet à Lisbonne et mentionne même que l'homme lui a fait une « excellente impression ».

Jean Moulin informe Mortimore que même s'il possède un visa américain, il souhaite en réalité rejoindre Londres le plus vite possible pour y rencontrer le général de Gaulle. L'ancien préfet ne pensait rester que quelques jours dans la capitale portugaise. Il y demeure finalement plus de six semaines avant que les Britanniques ne lui donnent l'autorisation de s'envoler pour l'Angleterre.

Au cours de ce séjour forcé, Jean Moulin se morfond à Lisbonne. Cette situation l'inquiète. Il ne faut pas que son absence de France soit trop longue, car le stratagème mis en place avec sa sœur et sa mère pour couvrir son départ et faire croire à une présence en zone nord risque de ne pas suffire. Il insiste auprès du major Mortimore pour bénéficier rapidement d'une autorisation d'embarquer vers l'Angleterre. Mais les conditions météorologiques sont mauvaises et les disponibilités en avion, très limitées. Surtout, Londres s'intéresse très peu aux informations que fait parvenir Mortimore sur Jean Moulin. Les services britanniques temporisent avant d'autoriser son départ.

Pour surmonter son ennui, Jean Moulin se promène le long des grands boulevards de Lisbonne. Dirigé d'une main de fer par Salazar, le pays n'est pas vraiment libre. Mais comme le Portugal ne participe pas à la guerre, il y règne une atmosphère bien différente de celle des autres pays d'Europe. Il n'y a jamais d'alerte aérienne. La population ne connaît pas les restrictions et le rationnement. Les étalages des magasins regorgent de nombreux produits qui ont quasiment disparu en France du fait des pénuries. Jean Moulin flâne librement dans la ville, d'autant que son visa le protège de toute arrestation en cas de contrôle. L'ancien préfet peut lire la presse britannique disponible, et donc avoir, pour la première fois depuis plusieurs mois, des informations non censurées sur la situation internationale, contrairement à celles qui sont diffusées en France. C'est ainsi qu'il apprend la constitution en septembre 1941 du Comité national français (CNF) par le général de Gaulle afin de renforcer la légitimité de la France libre et de la doter d'une institution équivalant à un gouvernement. Une telle annonce ne peut que conforter l'ancien préfet dans sa volonté de rejoindre de Gaulle et son mouvement, dont la légitimité progresse. Jean Moulin profite enfin de ses longues journées d'attente dans sa discrète chambre d'hôtel de la Pensao Alemtaja pour rédiger le rapport qu'il souhaite remettre au général sur l'état de la Résistance française. Quelques jours avant son départ, il le transmet à l'ambassade britannique, qui le fait dactylographier pour le faire parvenir à Londres.

La présence de Moulin à Lisbonne attise toutes les convoitises, et pas seulement celles des Britanniques.

Pierre Cot tente de le contacter pour l'encourager à le rejoindre aux États-Unis. Le 23 septembre, Louis Dolivet, qui travaille à New York aux côtés de l'ancien ministre de l'Air, envoie un télégramme au responsable du SOE à Lisbonne : « Demandez s'il vous plaît à Mercier qu'il nous donne sa date de départ, son mode de transport et sa date probable d'arrivée à New York. » Mais depuis plusieurs mois, tout en maintenant des contacts avec son ancien mentor, Jean Moulin a décidé de suivre une autre voie. Résident d'un pays qui n'est pas en guerre, Pierre Cot ne représente pas grand-chose, même s'il tente de recréer autour de sa personne des réseaux antifascistes. À Londres, aux côtés des Britanniques, le général de Gaulle incarne la France qui continue le combat dans le camp allié.

La création du CNF ne fait que conforter encore un peu plus Moulin dans son choix. Le 19 octobre, la veille de son départ, il rédige une lettre à l'attention de son ancien patron pour lui expliquer sa résolution : « J'ai décidé de ne pas aller en Amérique, pensant que je pourrais rendre plus de services à notre pauvre pays en suivant une autre voie et en étant plus proche de nos amis anglais [...]. À chacun sa destinée[16]. »

Même si Moulin reste fidèle à Pierre Cot et continue de défendre sa personne face aux différentes accusations et calomnies, il s'agit bien en réalité d'une forme de rupture entre les deux hommes. Désormais, leurs trajectoires divergent. Ils ne se reverront plus[17].

Enfin, mi-octobre, l'autorisation de quitter Lisbonne pour Londres arrive. Le 20, le résistant embarque à bord d'un hydravion qui le dépose quelques heures plus tard sur le sol britannique, près de Bournemouth. Il est immédiatement pris en charge et conduit dans la banlieue de Londres, à Patriotic School, un passage obligé pour tous les envoyés de France afin d'effectuer les contrôles d'usage et de les soumettre à des interrogatoires destinés à vérifier que ce ne sont pas des agents de l'ennemi. Interrogé sur son parcours et ses motivations, Jean Moulin présente ses activités en France depuis la défaite et les débuts de l'Occupation. Il explique être resté à son poste de préfet malgré la mise en place du régime de Vichy, évoque ensuite les conditions de sa révocation et les contacts qu'il a cherché à nouer avec les premières organisations de résistance en France, insiste pour voir le plus vite possible le général de Gaulle afin de lui présenter son rapport sur « l'activité, les projets et les besoins des groupements constitués en France en vue de la libération du territoire national ». Le 25 octobre, l'ancien préfet et le chef de la France libre se rencontrent pour la première fois. Une autre vie commence.

6

Au nom du général de Gaulle

Dans la carlingue, le bruit du moteur est obsédant. En cette nuit du 1er au 2 janvier 1942, nul ne songe à fêter la nouvelle année dans le bimoteur anglais Whitley. L'avion survole la Provence. Les risques sont immenses s'il est repéré par l'ennemi. À son bord, trois hommes sont équipés de parachutes. Les visages sont livides. Quelques minutes plus tôt, l'appareil a échappé de justesse à des tirs de DCA allemands. Comprenant que l'avion était visé, le pilote a effectué une manœuvre très périlleuse avec un vol en piqué. Projetés hors de leur siège, les trois passagers ont pu croire que leur dernière heure était arrivée alors que les obus éclataient autour d'eux. L'avion a repris de l'altitude, sans dommage. Sauvés. Le vol s'est poursuivi.

Sauter dans le vide

L'appareil s'approche désormais du point de largage. Même s'ils ont suivi un entraînement parachutiste en Grande-Bretagne, les trois hommes échangent des regards inquiets. Le saut va s'effectuer en *blind*, « à l'aveugle ». Personne ne les attend sur le terrain.

Jean Moulin est le plus âgé des trois. À ses côtés se trouvent un jeune instituteur et lieutenant aviateur de réserve, Raymond Fassin, qui doit assurer la liaison entre la France libre et le mouvement Combat, et Hervé Monjaret, qui est opérateur radio. L'heure de sauter arrive. Le *dispatcher*, qui assiste le pilote et veille à la bonne organisation du vol, ouvre la trappe ronde aménagée dans le plancher de l'appareil. Une petite lampe rouge s'allume sur la paroi de l'avion. Jean Moulin se met en position de saut, les jambes dans le trou ouvert et les paumes appuyées sur le rebord. Sous ses pieds défile le paysage nocturne de Provence et l'on peut distinguer les lueurs des villages et les hameaux endormis.

Le feu vire au vert. Moulin se lance dans le vide, bientôt suivi de ses deux compagnons. Les parachutes s'ouvrent correctement. Mais le vent violent complique les conditions du saut et fait dériver en diagonale les parachutistes. Moulin a du mal à maîtriser sa trajectoire. Il ne peut éviter le marécage qui se trouve sous ses pieds. L'atterrissage est difficile. Le délégué du général de Gaulle se blesse à la jambe et s'enfonce jusqu'à mi-cuisse dans l'eau. Il s'en sort à grand-peine en abandonnant sa boussole et une partie des provisions qu'il portait sur lui.

À peine remis de ses émotions, il doit maintenant retrouver ses deux acolytes. Il faut presque une heure pour que l'équipe soit réunie. Les toiles de parachute sont escamotées dans les broussailles. Ce trio récupère le poste émetteur radio qui a été parachuté avec eux et le cache dans une valise en cuir. Soudain, un bruit retentit. Un groupe de marcheurs, sans doute des chasseurs, passe à proximité. Par chance, ils ne remarquent pas la présence des trois hommes tombés du ciel. Il n'est pas loin de 7 heures du matin. Les premiers rayons du soleil percent. Le jour se lève[1]. Fassin, Monjaret et Moulin se séparent pour ne pas attirer l'attention.

Transi et fourbu, Jean Moulin parvient à rejoindre sa maison familiale de Saint-Andiol après plus de cinq heures de marche harassante. C'est là qu'enfant il passait ses vacances avec ses parents, sa sœur, Laure, et son frère, Joseph. Il porte dans une toile imperméable son ordre de mission signé du général de Gaulle ainsi qu'une série de consignes microphotographiées qu'il a dissimulées dans une boîte d'allumettes. Si le chef de la France libre lui a conféré des pouvoirs très importants en le désignant comme son délégué en zone sud, Jean Moulin ne peut compter que sur lui-même. Il ne dispose quasiment d'aucun moyen ni d'aucun groupe en mesure de l'aider dans sa mission. Mais avant de s'y consacrer, Jean Moulin décide de revoir sa famille. Il se rend donc à Montpellier, où vivent sa mère et sa sœur.

Le secret des microphotos

Moulin renoue rapidement avec son principal contact en zone sud, Henri Frenay, qu'il rencontre de nouveau à Marseille. Les retrouvailles se font dans un petit appartement situé au 103 de la rue Kléber. Il appartient à Agnès Bidault, la sœur de l'un des cadres du mouvement de Frenay, le journaliste Georges Bidault. La discussion se déroule dans la cuisine. Elle déclenche une certaine excitation entre deux hommes qui ont le sentiment de participer à une folle aventure. Moulin rend compte de son séjour à Londres. Il évoque le courage et la détermination qu'il a pu observer chez les Britanniques, revient sur sa rencontre et ses entretiens avec le général de Gaulle. L'ancien préfet explique ensuite la mission qui lui a été confiée. Il ajoute disposer de fonds financiers qui lui ont été donnés par Londres pour aider les mouvements résistants et remet directement à Frenay deux cent cinquante mille francs, soit la moitié des cinq cent mille francs dont il dispose. En écoutant son interlocuteur, Frenay se sent transporté dans un autre monde. Il s'imagine la situation en Angleterre alors qu'aucune information ne filtre à ce sujet dans les médias français contrôlés par la censure, si ce n'est pour évoquer les ravages du Blitz censé démoraliser les Britanniques.

C'est pourtant tout le contraire qui semble se produire, à en croire Jean Moulin. « Il est à peine croyable que cet homme ait été là-bas il y a quelques jours seulement alors que cette voix de l'Angleterre que nous captons nous paraît à la fois si proche et si lointaine », témoigne Frenay.

Le moment le plus intense reste celui où le nouveau représentant du général de Gaulle sort une petite boîte d'allumettes de sa poche. Il en tire une liasse de petits papiers du format exact de la boîte, qui sont en fait des microphotos, et approche une loupe de la première feuille. Frenay utilise la lumière de la lampe qui éclaire le réchaud à gaz pour lire l'inscription suivante : « Je désigne Jean Moulin comme mon représentant et comme délégué du Comité national français pour la zone non directement occupée de la métropole. » En dessous se trouve une signature étirée en longueur, que le chef du MLN n'avait encore jamais vue : « G. de Gaulle ». La joie se lit sur son visage. Le contact a enfin pu être établi avec le chef de la France libre. Frenay entrevoit la possibilité de disposer désormais des moyens et des fonds financiers qui lui permettront de surmonter les difficultés auxquelles doit faire face son mouvement[2].

Depuis la dernière rencontre entre les deux hommes six mois plus tôt, avant que Jean Moulin ne parte pour Londres, la situation en zone sud a profondément changé. Frenay informe Jean Moulin des principaux événements survenus. Depuis l'été 1941, l'organisation des mouvements s'est précisée tandis que les contacts entre leurs chefs se sont intensifiés. Du fait de leur convergence de vues, pour gagner en efficacité et continuer à étendre leurs activités, Frenay et François de Menthon ont décidé en novembre 1941 de fusionner leurs organisations respectives, le Mouvement de libération nationale et Liberté, qui deviennent Combat. Lequel s'impose ainsi comme le principal mouvement de la zone sud, devant Libération, que dirige Emmanuel d'Astier de La Vigerie. Frenay informe également Moulin que le petit cercle de résistants né à Lyon sous le nom de France-Liberté a étendu ses activités. Jean-Pierre Levy, ingénieur commercial dans une entreprise de filature et réfugié à Lyon depuis l'automne 1940 après avoir quitté l'Alsace, a proposé de se lancer dans la création d'un journal clandestin. Le premier exemplaire de *Franc-Tireur* est sorti en décembre 1941. Avec Combat, Libération et Franc-Tireur (ex-France-Liberté), il faut donc bien désormais compter sur trois grands mouvements en zone sud.

Au cours des jours suivants, Moulin rencontre François de Menthon à Annecy, pour qu'il soit à son tour directement informé de sa mission. Il retrouve également son radio, Monjaret, avec lequel il avait perdu le contact pendant plusieurs semaines à la suite du parachutage. L'ancien préfet cherche maintenant à joindre les principales personnalités de la Résistance en zone sud. Courant janvier 1942, il rencontre pour la première fois un membre de Libération. Le rendez-vous a été fixé à Lyon, près des colonnes qui se trouvent derrière le théâtre municipal. Moulin, alias « Rex », pense que la personne qui l'attend est le chef du mouvement en personne, Emmanuel d'Astier de La Vigerie. Mais celui-ci n'a pas pu ou pas voulu se rendre disponible. C'est le responsable militaire de l'organisation, « Aubrac », qui le représente. Dès leur première entrevue, le courant passe entre les deux hommes, et « Rex » perçoit immédiatement chez Raymond Aubrac un sens de l'analyse et de l'organisation qui pourra lui être précieux[3].

Moulin finit par obtenir un entretien quelques semaines plus tard avec d'Astier, cet aristocrate marginal en rupture de ban qui s'était fait connaître avant la guerre par ses activités de journaliste. D'Astier sent aussitôt la ténacité et le sens des responsabilités de son interlocuteur alors que quelques divergences éclatent immédiatement lors de leur rencontre : « C'était déjà un homme d'État décidé[4]. »

Le 5 mai 1942, le délégué du général de Gaulle peut enfin aboucher les chefs des trois mouvements de zone sud : Frenay, d'Astier de La Vigerie et Jean-Pierre Levy. La réunion se déroule dans la banlieue lyonnaise, à Villeurbanne, au domicile d'Alice et André Vansteenberghe, un couple d'amis médecins de Jean-Pierre Levy, le chef de Franc-Tireur[5]. Ce dernier, qui ne connaissait pas encore « Rex », découvre « un homme mûr, une quarantaine d'années, très posé, le regard sympathique, très désireux de coopérer avec des gens qui avaient déjà fait quelque chose. Il portait un foulard autour du cou, ce qui me parut insolite[6]. »

Le moment est historique. Pour la première fois, les chefs de mouvement discutent ensemble avec le représentant de De Gaulle et envisagent de coopérer alors que leurs organisations respectives s'étaient développées jusque-là de façon isolée. Les quatre hommes décident de se revoir régulièrement dans le cadre de réunions hebdomadaires qui pourront se tenir dans divers lieux de l'agglomération lyonnaise, à Villeurbanne, Miribel, Collonges-au-Mont-d'Or, Caluire. Dans le compte rendu de cette entrevue qu'il envoie à Londres, Jean Moulin écrit : « J'ai pu faire se rencontrer avant-hier les chefs de "LIF" (Combat), "LIBER" (Libération) et Franc-Tireur [...]. La réunion s'est terminée par un accord parfait qui ne porte d'ailleurs nullement atteinte à l'indépendance de pensée de chacun. Une déclaration commune sera rédigée dans ce sens et paraîtra dans chacun des journaux[7]. »

Dire non à Laval, « une aventure piquante »

L'évolution des mouvements de zone sud au cours de la seconde moitié de l'année 1942 entraîne un déplacement de leur centre de gravité de Marseille à Lyon, où s'installent les principaux états-majors. La ville tend à devenir la capitale de la Résistance. Jean Moulin fait donc logiquement le choix de s'établir dans ce lieu qui constituera le centre de son action. C'est là que se tiendront désormais les principales réunions entre les chefs de la Résistance en zone sud. Outre sa situation stratégique, Lyon s'avère également être une ville favorable aux rencontres et activités clandestines du fait de son urbanisme particulier. La plupart des immeubles possèdent plusieurs sorties, et une spécificité lyonnaise, les « traboules », des passages voûtés qui relient les maisons entre elles, est pratique pour la sécurité.

« Rex » loue au nom de Joseph Mercier une petite chambre au 72, rue de la Charité (VIe). L'endroit est modeste mais assure la discrétion nécessaire. Un lit-bateau ancien recouvert d'un édredon bariolé, une table, une chaise et un fauteuil Voltaire en constituent le seul mobilier. Les fenêtres, depuis lesquelles Jean Moulin peut apercevoir le Rhône, sont ornées de lourds rideaux à fleurs.

La double vie menée par Jean Moulin, qui est « Rex » dans la clandestinité tout en continuant à utiliser l'adresse de la maison familiale de Saint-Andiol sous sa véritable identité et à y séjourner régulièrement, fonctionne parfaitement. Lors de ses déplacements liés à son rôle au sein de la Résistance, il utilise le faux nom de M. Martel et se présente comme un artiste décorateur. Ses activités restent totalement inaperçues des autorités de Vichy, qui gardent pourtant un œil sur l'ancien fonctionnaire. Début mai 1942, Jean Moulin est même convoqué dans la capitale de l'État français pour reprendre du service dans la préfectorale. Revenu au pouvoir un mois plus tôt, Pierre Laval cherche à s'entourer d'hommes de caractère et de hauts fonctionnaires efficaces. Celui qui fut président du Conseil sous la IIIe République n'est pas forcément hostile aux personnalités liées à l'ancien régime républicain, à condition qu'elles lui soient désormais fidèles. Il fera du préfet René Bousquet, proche comme Jean Moulin avant la guerre du Parti radical, son secrétaire général de la police.

La situation pourrait faire sourire ceux qui savent que « Rex » et Jean Moulin ne font qu'un. L'homme que le général de Gaulle a désigné comme son délégué se rend en personne à Vichy, la petite ville thermale de l'Allier qui sert de capitale à l'État français. L'ancien préfet répond à la convocation de Georges Hilaire, le secrétaire général du président Laval. En sortant de la petite gare de la commune, Jean Moulin découvre le spectacle étrange qu'offre depuis 1940 cette cité autrefois connue pour ses cures. Les principaux hôtels qui accueillaient les touristes servent désormais de ministères et de centres administratifs. Des membres de la protection personnelle du maréchal Pétain veillent à l'entrée de l'hôtel du Parc, où séjourne le chef de l'État. Jean Moulin pénètre dans l'hôtel Majestic, dans lequel se trouvent les services de la présidence du Conseil. Georges Hilaire le reçoit. Il commence par tenter d'expliquer que sa révocation en novembre 1940 est le fruit d'un malentendu. Il propose ensuite à Jean Moulin un poste dans une préfecture importante. Ce dernier refuse en déclarant qu'il ne peut servir un régime qui collabore avec le vainqueur et qu'il ne partage pas l'idéologie de la « révolution nationale ».

Dans un télégramme du 13 mai 1942, « Rex » informe Londres de la tentative de « recrutement » dont il a fait l'objet : « M'est arrivé aventure piquante. Ai été convoqué à Vichy où au nom de Laval le secrétaire général Hilaire m'a offert préfecture importante. Ai refusé me déclarant contre Collaboration et Révolution nationale[8]. » Vichy considère désormais Jean Moulin comme « antigouvernemental » et le met à la retraite d'office.

Daniel Cordier entre au service de « Rex »

Le 1er août 1942, un jeune agent des services secrets gaullistes à Londres, le Bureau central de renseignements et d'action (BCRA), Daniel Cordier, est introduit auprès de Jean Moulin par l'intermédiaire de Paul Schmidt (« Kim »), lui aussi membre des services du colonel Passy et agissant à Lyon auprès du mouvement Libération.

Parachuté quelques jours plus tôt près de Montluçon pour devenir le radio et le secrétaire de Georges Bidault, Cordier s'est vu demander, avant de quitter Londres, de remettre lors de son passage à Lyon une liasse de documents et une somme d'argent en mains propres à « Rex ». Cordier ne connaît évidemment pas l'identité de la personne chez qui on lui a demandé de se rendre. Il sait simplement qu'il s'agit de l'un des responsables de la Résistance en France.

Jean Moulin invite son jeune visiteur, à sa grande surprise, à dîner le soir même. Cordier retrouve « Rex » au Garet, situé près de l'opéra. Avec sa devanture peinte en faux bois, l'établissement est typique des nombreux petits restaurants du centre de Lyon. Jean Moulin questionne son invité sur son parcours et ce qu'il a fait depuis 1940. Cordier explique avoir eu une jeunesse maurrassienne mais avoir rompu avec l'Action française, déçu du comportement de Charles Maurras et de son ralliement à Vichy. La défaite et l'armistice lui étant insupportables, il a quitté la France dès le 21 juin car il souhaitait poursuivre le combat. Jean Moulin l'écoute attentivement. Les deux convives repartent ensemble du restaurant. Arrivé devant le 72, rue de la Charité, Moulin s'arrête et dit à

Cordier : « Regardez bien le nom de la rue et le numéro de l'immeuble. J'habite au premier étage, chez Mme Martin. Venez ici demain à 7 heures. Je vous garde avec moi. Vous serez mon secrétaire[9]. » Cordier est tout surpris de cette sollicitation. S'il accepte, il se demande quelle sera la réaction de ses supérieurs à Londres alors que sa mission initiale consistait à se mettre au service de Georges Bidault. Le lendemain, en arrivant au rendez-vous que lui a fixé « Rex », Cordier s'ouvre de ses craintes d'être sanctionné s'il désobéit aux consignes du BCRA. Jean Moulin se met à rire et lui répond : « Ne vous inquiétez pas, j'en fais mon affaire. Je préviendrai Londres[10]. » Cordier comprend que son nouveau patron a le bras long et accepte de devenir son secrétaire. Alors que « Rex » lui demande de prendre un pseudonyme, il choisit « Alain » en référence au philosophe.

Cordier découvre que son nouveau patron est un homme seul. Jean Moulin ne dispose d'aucun « courrier » (agent de liaison), ne possède pas de radio personnel, pas de dactylo. Il envoie lui-même à Londres ses rapports manuscrits. Le délégué de De Gaulle n'a aucun secrétariat pour l'aider. Il prépare lui-même ses rendez-vous, distribue l'argent destiné aux officiers de liaison et aux mouvements, chiffre ou déchiffre les télégrammes et les rapports reçus ou envoyés à Londres[11]. Outre la surcharge importante de travail que tout cela représente, Jean Moulin accroît considérablement les risques en assumant seul toutes ces besognes.

Sortir d'une telle situation est indispensable à « Rex » pour lui permettre de remplir plus facilement sa mission. Daniel Cordier s'installe à Lyon et développe la « délégation générale ». Il recrute une petite équipe constituée de Laure Diebold (secrétariat), Hugues Limonti (courrier), Suzanne Olivier, Joseph Van Dievort, Georges Archimbaud, Laurent Girard, Francis Rapp et Hélène Vernay.

Au cours de la seconde moitié de l'année 1942, un rituel quasi quotidien se met en place entre Jean Moulin et son jeune secrétaire. Tous les jours, vers 7 heures, celui-ci rejoint « Rex » dans son petit appartement pour lui apporter les journaux du matin, le pain de son petit déjeuner acheté avec ses tickets dans une boulangerie, ainsi qu'un certain nombre de papiers et documents. Les deux hommes examinent ensemble les demandes de rendez-vous et les diverses notes émanant des services ou des mouvements. Moulin commence ensuite sa lecture des télégrammes que son secrétaire a pu déchiffrer pendant la nuit. Puis, chacun vaque à ses propres occupations au cours de la journée, sauf en cas de réunion ou de rencontre nécessitant la présence des deux hommes. Chaque soir, Daniel Cordier retrouve Jean Moulin pour lui faire un compte rendu de ses activités. Après avoir dîné au restaurant, il rentre chez ses logeurs, qui habitent en face du parc de la Tête d'Or. La journée n'est pas encore totalement finie. Avant de se coucher, Cordier doit chiffrer ou déchiffrer les télégrammes reçus le jour même[12].

Savoir être diplomate et organisateur

Les chefs de mouvement ont accueilli favorablement le délégué de De Gaulle à son retour d'Angleterre. Ils se félicitent de pouvoir bénéficier désormais grâce à lui d'une liaison avec Londres. Mais l'ancien préfet a quelques difficultés à faire approuver auprès d'eux la mission qui lui a été donnée et les pouvoirs qui lui ont été conférés. Les responsables de la Résistance intérieure aimeraient limiter le rôle de Jean Moulin à celui d'un porte-parole auprès de Londres capable de demander et d'obtenir des moyens supplémentaires, notamment sur le plan financier. Mais de Gaulle, en faisant de Moulin son délégué, a voulu en faire le chef de la Résistance en zone sud, celui qui donne les ordres et les directives dont le respect et la bonne application permettront d'obtenir en échange les ressources demandées. Soucieux de garder leur indépendance et leur autonomie, les chefs de mouvement ne sont pas prêts à se soumettre si facilement à la France libre à travers l'envoyé du général. Alors que leurs groupes avaient commencé à se doter d'organisations paramilitaires, Henri Frenay et Emmanuel d'Astier de La Vigerie expriment également une forte divergence sur le sujet de la séparation absolue de l'activité civile et de l'action militaire demandée par de Gaulle.

Les efforts développés par Jean Moulin pour encourager le rapprochement et la coordination des mouvements déclenchent un certain nombre de tensions. Frenay y semble a priori le plus favorable, arguant qu'il a déjà œuvré en ce sens avec la fusion de son mouvement et de Liberté au sein de Combat, dont François de Menthon, Pierre-Henri Teitgen ou Georges Bidault, tous anciens de Liberté, ont intégré le comité directeur. Emmanuel d'Astier de La Vigerie et Jean-Pierre Levy se montrent plus réticents. Ils craignent que leurs propres mouvements ne passent sous la coupe de Frenay, qui se trouve à la tête de l'organisation la plus importante.

À ces querelles de personnes s'ajoutent de réelles divergences idéologiques entre les chefs des trois mouvements de zone sud. Frenay, tout en adoptant une tonalité patriotique et en tonnant contre l'occupation allemande, ne cachait pas un certain maréchalisme dans ses premières publications[13]. Certes, le chef de Combat a fait du chemin depuis, et son journal a clairement rompu avec Pétain tout en appelant à soutenir de Gaulle dans son édition de mars 1942. Mais Frenay reste plus à droite que ses homologues de Libération et de Franc-Tireur. Il semble même entretenir encore quelques liens avec Vichy. Pour intervenir en faveur de plusieurs membres de son organisation alors arrêtés, il a été jusqu'à rencontrer en février 1942 le ministre de l'Intérieur, Pierre Pucheu, avec lequel il a eu plusieurs entretiens. Frenay a refusé la proposition de Pucheu lui demandant de renoncer à s'opposer au régime de Vichy. Mais le simple fait que le chef de Combat ait pu dialoguer avec un ministre qui ne cesse d'intensifier la répression contre la Résistance ébranle profondément

Emmanuel d'Astier de La Vigerie. Son mouvement, qui recrute dans les milieux syndicalistes et socialistes, est clairement ancré à gauche et refuse toute forme de compromission avec le pouvoir en place. Cette « affaire Pucheu » contribue à envenimer considérablement les relations entre les deux hommes.

Pour stimuler leur rapprochement et leur coordination, Jean Moulin prend l'initiative de créer deux services communs aux trois mouvements de zone sud. Une agence de presse clandestine tout d'abord, le bureau d'information et de propagande (BIP), dont il confie la direction à deux journalistes de profession : Georges Bidault, ex-rédacteur en chef de *L'Aube*, membre directeur du mouvement Combat, et Georges Altman, de Franc-Tireur. Les deux hommes disposent à leurs côtés d'une dactylo, de deux agents et d'une radio. Les informations collectées sont envoyées à Londres pour alimenter les émissions de Maurice Schumann sur la BBC. S'appuyant sur les groupes d'études qui ont déjà été constitués au sein des mouvements Libération et Liberté, un comité d'experts (futur comité général d'études, CGE) est formé en juillet 1942 afin de réfléchir aux réformes à entreprendre lorsque le pays sera libéré. Y siègent notamment le fondateur du mouvement Liberté, François de Menthon, son collègue universitaire Pierre-Henri Teitgen, le syndicaliste Robert Lacoste, le haut fonctionnaire Alexandre Parodi, l'ancien ministre du Front populaire Paul Bastid. Deux services techniques s'ajoutent par la suite au cours de l'automne 1942 : un service de transmission radio, *Wireless Transmission* (WT), et un service des opérations aériennes et maritimes (SOAM), qui permettent de renforcer les liaisons entre les mouvements de résistance en zone sud et Londres.

Les pourparlers avec les trois chefs de mouvement entamés au cours du printemps 1942 pour une coordination administrative de leurs organisations et une fusion de leurs éléments paramilitaires s'interrompent en avril avec le départ d'Emmanuel d'Astier de La Vigerie à Londres. Le fondateur de Libération a souhaité être le premier chef de mouvement à rencontrer directement le général de Gaulle. Son retour à la fin de juillet permet de reprendre les discussions. Mais les réticences de D'Astier et de Jean-Pierre Levy restent importantes. Les deux hommes craignent que Frenay ne leur fasse subir le sort de François de Menthon et de son ancienne équipe de Liberté, dont la marginalisation au sein de Combat saute aux yeux.

À la base, alors que sur le terrain les activités des différents mouvements étaient souvent confondues et assumées par les mêmes personnes, les militants poussent en revanche à la fusion et exercent une forte pression sur leurs dirigeants pour qu'ils agissent en ce sens. Dans un courrier envoyé à Londres, le 8 août 1942, Moulin souligne que « presque partout les militants réclament la fusion [...] je pense qu'il faut arriver rapidement à la fusion souhaitée par la grande majorité. Sinon nous risquons de voir s'émietter les efforts et gagner le découragement[14] ». Usant de ses qualités de diplomate et de négociateur, le délégué du général de Gaulle multiplie également les entretiens pour convaincre chacun de la nécessité d'une fusion. Il parvient à rallier Jean-Pierre Levy à ses arguments, isolant ainsi d'Astier, qui finit à son tour, poussé par son comité directeur, par accepter le principe d'un rapprochement.

L'Armée secrète sort du néant

Les choses s'accélèrent à la fin de l'été 1942. Alors que le conflit dure maintenant depuis presque trois ans, de grands événements militaires semblent se préparer. Depuis que les États-Unis ont rejoint le camp allié en décembre 1941, les efforts de la première puissance industrielle mondiale pour développer son économie de guerre commencent à porter leurs fruits. L'armada américaine sera bientôt prête à intervenir sur le sol européen. Dans un tel contexte, il est important que la Résistance française commence à préparer son passage à l'action. À Londres, pour bien marquer son engagement militaire dans le camp allié, la France libre a changé de nom en juillet 1942. Le Comité national français l'a renommée « France combattante ». Il s'agit également de placer sous la même bannière que les Forces françaises libres (FFL), constituées depuis l'été 1940, l'ensemble « des groupements qui à l'intérieur du pays participent activement à la résistance[15] ». Il est indispensable désormais que la Résistance intérieure puisse commencer à former ses bataillons, même s'il ne s'agit pour l'instant que d'établir des structures clandestines qui ne devront envisager de passer à l'action que lorsque se précisera un possible débarquement en France. Fin août 1942, l'un des objectifs fixés par de Gaulle à Jean Moulin dans le cadre de sa mission se concrétise enfin. Un accord est adopté sur la création d'une Armée secrète (AS). Il entraîne la mise en place d'un encadrement et d'un commandement unique pour l'ensemble des organisations paramilitaires des trois mouvements de zone sud.

Frenay semblait ambitionner d'en prendre la tête du fait de son expérience militaire. Pour contrer les ambitions du chef de Combat, il est entendu, à la demande de D'Astier de La Vigerie et de Levy, que le chef de la future organisation serait choisi en dehors des mouvements. Pour désigner ce dernier, les trois chefs demandent à pouvoir en discuter directement à Londres avec le général de Gaulle. D'Astier et Frenay rejoignent la capitale britannique en Lysander dans la nuit du 17 au 18 septembre. Jean-Pierre Levy et Jean Moulin devaient suivre quelques jours plus tard. Mais l'opération pour leur permettre de quitter la France échoue.

Frenay et d'Astier discutent donc seuls avec de Gaulle et les différents responsables du commissariat à l'Intérieur et du BCRA concernés par la question. Un protocole est signé le 2 octobre 1942 pour instituer officiellement l'Armée secrète. Il s'agit de la première convention passée entre la France libre et des mouvements de résistance. Une « instruction personnelle et secrète » permet d'en préciser le rôle, en insistant sur la nécessité de ne pas procéder à une insurrection armée qui serait prématurée : « Dans la situation actuelle de la guerre, une action d'envergure de l'Armée secrète ne peut être envisagée que si elle est liée à une action directe des forces alliées débarquant sur le territoire français. »

Début novembre, c'est le général Delestraint (« Vidal ») qui est nommé à la tête de l'AS. Ce spécialiste des chars, qui avait eu de Gaulle sous ses ordres, vivait depuis 1940 retiré à Bourg-en-Bresse tout en ne dissimulant pas son opposition à Vichy. Delestraint et Moulin s'étaient rencontrés fin août 1942. L'ancien préfet avait alors écrit dans un télégramme daté du 28 août à destination de Londres : « Ai eu ce jour un long entretien avec le général dont le pseudonyme est Vidal – tout acquis au général de Gaulle – serait disposé à prendre direction organisation paramilitaire fusionnée sous réserve enquête personnelle sur les mouvements et accord formel De Gaulle

– dispose des amicales bataillons, régiments et divisions chars[16]. »

Cette fusion des éléments militaires s'accompagne également de la mise en place d'un « comité de coordination » qui comprend les chefs des trois mouvements ou leurs délégués, un représentant du Comité national qui doit en assurer la présidence (ce serait Jean Moulin), assisté du chef de l'Armée secrète en zone sud.

Dans un courrier adressé à « Rex » en octobre, le commissaire à l'Intérieur, André Philip, dresse un bilan très positif des négociations avec les chefs de Combat et de Libération : « La présence simultanée à Londres de Bernard [d'Astier] et de Charvet [Frenay] nous a permis de fixer d'importantes directives relatives aux activités des trois principaux mouvements de Résistance. Un Comité de coordination que vous présiderez est chargé d'assurer la convergence des forces de la Résistance française ; une Armée secrète unique a été créée, qui sera alimentée en personnel par tous les Mouvements de Résistance [...]. L'entente a pu être obtenue sans trop de difficultés entre les chefs de mouvements de Résistance et les Forces françaises combattantes. Il en résultera un affermissement de la résistance française face à l'ennemi et à Vichy[17]. »

De Gaulle adresse pour sa part à son représentant en zone sud une lettre datée du 22 octobre afin de le remercier de son action et de le conforter dans sa mission : « J'ai vivement regretté votre absence pendant cette mise au point. Je pense cependant que les dispositions qui ont été arrêtées facilitent l'exécution de la mission qui vous est confiée [...]. Je tiens à vous redire que vous avez toute ma confiance et je vous adresse toutes mes amitiés. »

Au cours des dix mois qui se sont écoulés depuis le parachutage de Jean Moulin au-dessus des Alpilles, la mission « Rex » a pleinement réussi. Les réticences initiales des chefs de mouvement ont pu être surmontées pour réaliser deux objectifs essentiels : la fusion des éléments militaires des mouvements de résistance et leur coordination administrative. Un dernier seuil sera franchi quelques semaines plus tard, en janvier 1943, avec la fusion des trois grandes organisations de zone sud Combat, Franc-Tireur et Libération, au sein des Mouvements unis de la Résistance (MUR). Si la presse clandestine de chaque mouvement garde son indépendance (tout en rappelant à chaque numéro son appartenance aux MUR), tous les services doivent désormais se fondre dans une structure unique, dont les grandes lignes de fonctionnement sont calquées sur celles que Combat a mises en place. La Résistance en zone sud est désormais unifiée. En zone nord en revanche, la situation est bien différente, car aucune action n'a été entreprise pour rapprocher les différentes organisations qui s'y étaient développées. L'unité de la Résistance intérieure est encore très loin d'être accomplie.

7

La Résistance intérieure et de Gaulle

Le 9 février 1943, un petit événement mondain a lieu à Nice en présence de la plupart des notabilités locales : l'inauguration officielle d'une nouvelle galerie d'art moderne, la galerie Romanin. Le préfet, le secrétaire général de la préfecture, le maire figurent parmi les personnalités qui ont répondu à l'invitation du propriétaire, Jacques Martel, un grand amateur d'art, marchand de tableaux. C'est la première fois que s'ouvre à Nice une galerie spécialisée dans les peintures, dessins et sculptures modernes.

Un discret marchand d'art

Situé au 22, rue de France, le local accueillait autrefois une vieille librairie dénommée La

Boîte à bouquins. Acquis par Jacques Martel en octobre 1942, il a été entièrement refait et décoré de meubles anciens. Pour le vernissage, une exposition spéciale consacrée aux peintres modernes a été montée. Elle présente des œuvres de Bonnard, Giorgio De Chirico, Degas, Matisse, Utrillo, Valadon.

Jacques Martel accueille ses visiteurs aux côtés d'une jeune femme particulièrement distinguée, Colette Pons. C'est elle qui a tout organisé pour la réception. À sa grande surprise, le secrétaire général de la préfecture, Clément Vasserot, croit reconnaître à travers Jacques Martel les traits de l'un de ses anciens collègues de la préfectorale, Jean Moulin. Les deux hommes se sont connus avant la guerre dans les cabinets du gouvernement Blum et dans les cercles radicaux. Vasserot se précipite vers lui pour le questionner. Mais son interlocuteur se montre très froid. Le secrétaire général a clairement l'impression d'être repoussé. En réalité, il est bien face à l'ancien préfet Moulin. Mais ce dernier ne peut pas se révéler sans prendre le risque de compromettre sa fausse identité et sa mission.

Étrange conversation entre deux hommes qui partagent un engagement commun en faveur de la Résistance mais ne peuvent le dire. Car derrière ses fonctions officielles, Clément Vasserot participe au noyautage de l'administration publique (NAP) et travaille pour le réseau Ajax, très implanté dans les milieux de la police et de la haute fonction publique[1]. Mais ni Vasserot, ni aucun autre des invités venus inaugurer la galerie Romanin, ne peuvent alors imaginer que leur hôte ne fait qu'un avec « Rex », le représentant du général de Gaulle en France.

Jean Moulin a baptisé sa galerie Romanin – le pseudonyme qu'il utilisait avant la guerre pour signer ses dessins et caricatures. Même si l'homme a toujours été passionné par l'art contemporain, la vocation première de ce lieu n'est pas en réalité d'assouvir sa passion pour les arts. Elle constitue une couverture pour ses activités clandestines. La Gestapo recherche « Rex » ou « Max », pas le marchand de tableaux Jacques Martel. Pendant que les visiteurs viennent découvrir au rez-de-chaussée les expositions présentées, l'appartement situé au-dessus du local sert de planque pour accueillir des agents de liaison ou organiser des rendez-vous secrets. Chargée de s'occuper de la galerie, Colette Pons sait que les personnes qui arrivent en lui demandant « la clé du Rex » ne sont pas là pour voir les œuvres d'art exposées.

Cette possibilité nouvelle d'utiliser la galerie Romanin comme paravent, à partir du 9 février 1943, s'avère d'autant plus importante pour Jean Moulin qu'il s'apprête à commencer une mission essentielle pour la Résistance : la création d'un Conseil de la Résistance capable d'unifier l'ensemble des organisations clandestines des deux zones.

Décoré sous un faux nom

Le 12 février 1943, Jean Moulin s'envole pour Londres en compagnie du général Delestraint, à la fois pour rendre compte au général de Gaulle des résultats de la mission menée en 1942 et pour prendre de nouvelles instructions.

Moulin et de Gaulle ne se sont pas revus depuis quatorze mois. Le général tient à marquer son estime pour son représentant et à le féliciter du travail qu'il a accompli. Il décide de le faire compagnon de la Libération, cet ordre créé en novembre 1940 par le chef de la France libre pour distinguer tous ceux qui s'illustrent dans l'œuvre de la libération du pays. Mais il ne faut pas trahir l'identité de l'ancien préfet lorsque la distinction sera rendue officielle. De Gaulle décore donc le 14 février 1943 non pas l'ancien préfet Jean Moulin, mais le caporal Mercier, engagé dans les Forces françaises libres.

La cérémonie se déroule de façon très intime dans la maison de Hampstead, où réside de Gaulle à Londres. Seules quelques personnes ont été conviées : le général Delestraint, récemment nommé chef de l'Armée secrète, Pierre Billotte, chef d'état-major de De Gaulle, André Philip, commissaire à l'Intérieur du Comité national français (CNF) à Londres, André Manuel, chef des renseignements, et le colonel Passy, chef du BCRA, les services secrets gaullistes. Ce petit cercle de très hauts responsables de la France libre et de la Résistance intérieure réunis pour l'occasion donne une dimension toute particulière à la remise de décoration. Le général de Gaulle s'adresse à son représentant sur un ton grave pour le décorer des insignes de l'ordre : « Caporal Mercier. Nous vous reconnaissons comme notre compagnon pour la Libération de la France, dans l'Honneur et par la Victoire. » Au garde-à-vous face au général, Jean Moulin blêmit. Une très forte émotion saisit l'ensemble de l'assistance. De Gaulle lui donne l'accolade. L'ancien préfet ne laisse habituellement que très rarement percer ses sentiments profonds. Mais le moment est exceptionnel. Une larme coule sur sa joue[2].

Au cours des cinq semaines de son séjour londonien, Jean Moulin s'entretient longuement avec le général de Gaulle. Quelle suite donner à sa mission en métropole ? Et que faire face à la situation nouvelle créée par le débarquement en Afrique du Nord ? La position du général est alors affaiblie : d'autres leaders tentent de s'imposer.

Le choix d'une stratégie active

Le 8 novembre 1942, les troupes américaines et britanniques ont débarqué au Maroc et en Algérie, deux territoires qui font partie de l'empire colonial français. L'opération Torch est un tournant de la guerre. Elle confirme que le cours du conflit est en train de basculer en faveur des Alliés alors que le Reich était victorieux sur tous les fronts depuis 1939. En France, la perspective d'une libération se rapproche, et l'on commence à penser qu'un débarquement allié pourrait intervenir dès 1943. Dans l'immédiat cependant, l'Allemagne décide d'occuper l'ensemble du territoire : le 11 novembre 1942, pour parer à un éventuel débarquement dans le sud du pays, Hitler demande à son armée de franchir la ligne de démarcation. Désormais, toute la France vit à l'heure de l'occupation allemande.

De Gaulle pourrait y voir un tournant du destin. La libération de l'Afrique du Nord devrait entraîner une redistribution des pouvoirs. Mais il n'en est rien. Sa position se complique même considérablement. Les Alliés ne l'ont pas tenu au courant de leur projet de débarquement. Roosevelt se méfie beaucoup des ambitions politiques de ce général autoproclamé chef de la Résistance française mais qui n'a aucune légitimité aux yeux du président américain. Son pouvoir n'est pas issu d'un processus démocratique.

Les Américains mettent à profit la présence à Alger, où il est venu rendre visite à son fils, de l'amiral Darlan, qui apparaît comme la plus haute autorité et le plus à même de faire cesser les combats. L'ancien dauphin de Pétain est nommé haut-commissaire de la France en Afrique. Ce choix permet de faire basculer l'ensemble des colonies d'Afrique restées fidèles à Vichy dans le camp allié. L'assassinat de Darlan le 24 décembre 1942 par un jeune résistant, Fernand Bonnier de La

Chapelle, ne permet pas non plus à de Gaulle de revenir au premier plan. Les Américains lui préfèrent le général Giraud, un général cinq étoiles (donc hiérarchiquement supérieur à de Gaulle) qui s'est évadé dans des conditions spectaculaires en avril 1942 de la forteresse de Königstein, où il était prisonnier de guerre. Grâce au réseau Alliance rattaché à l'Intelligence Service, les Britanniques ont pu le faire venir à Gibraltar à bord d'un sous-marin avant de le transporter ensuite en Afrique du Nord. Giraud est intronisé en janvier 1943 « commandant en chef civil et militaire ». Il refuse de recevoir le général de Gaulle qui propose de le rencontrer. Sur insistance du Premier ministre britannique, les deux hommes participent ensemble au Maroc à la conférence d'Anfa entre le 14 et le 24 janvier 1943, au cours de laquelle Roosevelt et Churchill préparent la future stratégie des Alliés. La poignée de main entre les deux généraux pour la presse n'est que pure façade. Aucun accord n'ayant pu être trouvé, Giraud, qui a nettement la préférence des Américains, voit sa position confirmée[3].

Et la Résistance dans tout cela ?

Moulin est conscient que la France libre traverse une période cruciale. Tout le travail accompli depuis le 18 juin 1940 par de Gaulle pour incarner à la fois la France qui lutte aux côtés des Alliés et l'avenir du pays semble s'effondrer. Mais Jean Moulin insiste auprès du général sur le fait qu'il lui reste une carte maîtresse par rapport à son rival : ses relations avec la Résistance intérieure.

Pour les résistants de métropole, l'accord passé par les Américains avec un personnage aussi compromis que Darlan puis l'intronisation du général Giraud, qui ne cache pas ses sympathies pour le régime de Vichy, ne passent pas. Giraud maintient en Afrique du Nord la législation de l'État français, y compris dans ses aspects antisémites. Le décret Crémieux de 1871 accordant la nationalité française aux Juifs d'Algérie, aboli en 1940, n'est pas rétabli. Les soldats et officiers juifs ne sont pas autorisés à servir dans l'armée d'Afrique. Les militants communistes internés dans la prison de Maison-Carré sont maintenus dans leur geôle. Tout cela révulse les résistants, attachés aux valeurs républicaines.

À l'inverse, même si une certaine méfiance avait pu exister au départ à son égard du fait de ses positions très critiques concernant la IIIe République, les responsables de la Résistance intérieure ont été rassurés depuis 1942 par les intentions politiques de De Gaulle pour la Libération. Jean Moulin y a beaucoup contribué dans ses discussions destinées à convaincre les différents chefs de mouvement de la conversion démocratique et républicaine de l'auteur de l'appel du 18 juin. La déclaration aux mouvements faite par le général en avril 1942 après sa rencontre avec l'un des dirigeants de Libération-Nord, Christian Pineau, a aussi joué un rôle fondamental. Le chef de la France combattante y exposait ce qui devait constituer les « buts de guerre du peuple français » : restauration de la souveraineté nationale, rétablissement des libertés, retour aux valeurs républicaines et à « l'idéal séculaire français de liberté, d'égalité et de fraternité ». Accueillie très favorablement par les mouvements, cette déclaration est reproduite dans les titres de la presse clandestine (*Libération-Sud*, *Libération-Nord*, *Combat*, *Franc-Tireur*). Elle favorise les ralliements successifs des mouvements de zone sud à la fin du printemps 1942, mais aussi ceux du Parti socialiste en voie de reconstitution et même du Parti communiste, qui apporte son soutien en janvier 1943 au président du CNF.

Jean Moulin insiste pour accélérer la mise en place d'une sorte de gouvernement clandestin de la Résistance intérieure où siégeraient les représentants de l'ensemble des organisations résistantes. L'ancien préfet sait que certains résistants défendent ce projet. Entrés plus tardivement en résistance que les mouvements et craignant de voir le Parti communiste s'imposer au sein de la Résistance intérieure, les socialistes s'y montrent très favorables pour se « remettre en selle ». Mais la création d'une telle institution pourrait aussi concurrencer le Comité national français à Londres et présenter le risque qu'il y ait deux pouvoirs parallèles susceptibles de s'affronter à la Libération. Pour contourner ce danger, Jean Moulin milite au cours de ses entretiens de février-mars 1943 avec le général pour que la future institution, qu'il dénomme pour la première fois « Conseil de la Résistance » (le terme « national » sera ajouté après sa mort), soit placée sous l'autorité de De Gaulle. Une telle entreprise permettrait à celui-ci d'apparaître comme le chef de tous les résistants, de le légitimer comme incarnation de la nation en exil. Et donc, d'isoler Giraud.

Moulin, l'ingénieur du Conseil de la Résistance

La composition du futur Conseil de la Résistance est un enjeu de taille. Moulin connaît la géographie des mécontentements et l'histoire des organisations. À ses débuts, en 1940 et 1941, la Résistance intérieure ne s'est pas appuyée sur des structures institutionnelles déjà existantes qui auraient pu basculer dans la clandestinité pour s'opposer à l'occupation allemande et au régime de Vichy. Les partis politiques et les syndicats ont volé en éclats au moment de la défaite ou se sont ralliés au maréchal Pétain. Seul le Parti communiste était déjà devenu clandestin du fait de son interdiction par le gouvernement Daladier en septembre 1939, au lendemain du pacte germano-soviétique. Mais son alignement sur Moscou le plaçait dans une position tout à fait spécifique, et il a fallu attendre l'attaque de l'URSS par l'Allemagne en juin 1941 pour que les communistes basculent véritablement dans la Résistance. Quant aux socialistes, derrière Daniel Mayer, ils tentent de reconstituer une ossature politique intérieure, mais ils sont dispersés dans de nombreux réseaux clandestins.

Faute de structures existantes, la Résistance a donc dû être inventée de toutes pièces. C'est la raison pour laquelle les premiers résistants ont créé des organisations nouvelles, adossées à des journaux clandestins : les mouvements. Soucieux d'incarner la relève dans un pays vaincu et humilié, les chefs de mouvement souhaitent faire table rase du passé. Les partis politiques traditionnels de droite et de gauche qui ont animé la vie politique de l'entre-deux-guerres sont à leurs yeux responsables de la mauvaise préparation de la France en 1939 et de la défaite. Ils espèrent qu'une force politique nouvelle émergera de la Résistance et supplantera à la Libération les vieux partis sclérosés. Le général de Gaulle partage initialement ce point de vue, se montrant très sévère à l'égard des élites politiques de la IIIe République.

L'évolution de la situation en 1942 change la donne, et le représentant du général en est pleinement informé. S'ils constituent les principales forces de la Résistance intérieure, les mouvements ne pèsent pas grand-chose aux yeux des Alliés, qui ne connaissent pas leurs chefs. Les partis traditionnels, les syndicats et leurs dirigeants, Léon Blum, Édouard Herriot, Édouard Daladier ou Paul Reynaud, bénéficient en revanche d'une plus grande notoriété sur le plan international. Emprisonnées par Vichy, ces personnalités ne peuvent jouer un rôle dans la Résistance. Mais elles demeurent des références morales. Et nombre de leurs fidèles ont basculé dans la lutte contre l'occupant.

Intégrer les partis et syndicats au futur Conseil permettrait à celui-ci d'incarner la nation dans son ensemble et renforcerait considérablement sa crédibilité et, par contrecoup, la légitimité de De Gaulle. Si ces institutions traditionnelles sont restées passives et discrètes au début de l'Occupation, elles participent de façon active désormais à la Résistance intérieure et revendiquent de figurer dans ses instances. Le Parti communiste est le premier à avoir prôné le passage à la lutte armée, dès l'été 1941. Il possède d'importants relais dans les catégories populaires. Pour ne pas disparaître, alors que de nombreux militants ont rejoint les mouvements Libération-Nord et Libération-Sud, le Parti socialiste (SFIO) a créé un Comité d'action socialiste (CAS) afin de peser dans la Résistance. Au sein des partis du centre (le Parti radical) et de droite (l'Alliance démocratique, la Fédération républicaine), qui s'étaient plutôt ralliés à Vichy en 1940, la politique de collaboration et les renoncements de Pétain éloignent des militants et des responsables qui créent des organisations dissidentes. Refusant la politique des syndicats « officiels » mise en place par Vichy dans le cadre de la Charte du travail pour contrôler le monde ouvrier, des responsables syndicaux comme Robert Lacoste ou Léon Jouhaux développent des structures clandestines dans les usines.

L'élargissement du Conseil de la Résistance aux syndicats et partis s'impose donc pour Jean Moulin comme une nécessité. Avant de rejoindre Londres, dans un rapport du 14 décembre 1942, l'ancien préfet reconnaissait que les mouvements, par leurs combats, avaient qualité pour organiser l'action, tout en précisant : « Les mouvements ne sont pas toute la Résistance. » Il ajoutait que le futur Conseil de la Résistance devait aussi intégrer « des personnalités représentatives des partis politiques[4] ». Lors de ses entretiens à Londres avec de Gaulle, il énumère les forces politiques susceptibles d'être représentées : le Comité d'action socialiste, le Parti communiste, les démocrates-chrétiens, la Fédération républicaine, les radicaux, l'Alliance démocratique, la CGT et la CFTC. Seuls les partis d'extrême droite doivent en être exclus du fait de leur compromission avec Vichy.

De Gaulle valide ce point de vue. Il remet le 21 février 1943 à son délégué de nouvelles instructions qui prévoient la création « d'une représentation nationale réduite, qui serait le conseil politique du général de Gaulle à son arrivée en France et allierait des groupements de Résistance, des formations politiques résistantes et des syndicats ouvriers résistants ». Il est ajouté que cet organisme, dont de Gaulle a absolument besoin dans la lutte qui l'oppose à Giraud, doit « être créé dans les plus courts délais possible[5] ». Chargé de sa mise en œuvre, Jean Moulin voit ses pouvoirs considérablement élargis. Il a désormais le titre de ministre du CNF, unique représentant de De Gaulle pour toute la France et président du futur Conseil de la Résistance.

Le 17 mars 1943, l'avant-veille de son retour en France, Jean Moulin dîne avec le général de Gaulle. Il s'agit de la dernière rencontre entre les deux hommes. Les échanges portent surtout sur la stratégie à adopter à l'égard de Giraud. De Gaulle semble désabusé par la situation et par la confiance que continuent d'accorder les Alliés à son rival. Dans l'intimité de ce dîner avec son représentant, l'homme apparaît plus faillible que lorsqu'il est en représentation. Le général doute. L'ancien préfet lui remonte le moral. Il lui conseille de n'avoir aucune confiance dans les paroles prononcées par Giraud trois jours plus tôt, le 14 mars, pour annoncer son ralliement à la République afin de rassurer sur ses intentions. Jamais les résistants de l'intérieur n'accepteront de se placer sous l'autorité d'un homme qui n'a pas rompu immédiatement avec la politique de Vichy. Le lendemain, Moulin adresse une lettre à de Gaulle. Les derniers mots utilisés, « toujours passionnément dévoué[6] », témoignent de sa fidélité sans faille à son égard.

La fronde des mouvements

C'est donc muni des nouvelles instructions signées par de Gaulle le 21 février que Jean Moulin quitte le 20 mars l'Angleterre, en compagnie du général Delestraint, pour retourner en France. Ils atterrissent de nuit en Lysander en Saône-et-Loire, à Melay, au nord de Roanne.

Pour avoir une position centrale et négocier avec les différentes organisations de la zone nord, celui qui se fait désormais appeler « Max » dans la clandestinité décide de s'installer à Paris et non plus à Lyon. Il est important, d'un point de vue symbolique, que la future réunion du Conseil de la Résistance se déroule dans la capitale. La nécessité de maintenir le contact avec les chefs de la zone sud amène toutefois Moulin à voyager régulièrement entre les deux zones et à se rendre à Lyon, où les MUR ont leur quartier général. À chaque trajet, Moulin court un danger considérable : le risque est grand de tomber sur un contrôle et de se faire arrêter, notamment lors du passage de la ligne de démarcation. La possibilité de faire croire que ses déplacements correspondent à ceux d'un marchand d'art à la recherche d'œuvres pour alimenter sa galerie à Nice constitue toutefois une couverture solide.

Le retour de « Max » en métropole est difficile. L'ancien préfet se heurte à de grandes difficultés pour réaliser sa mission. « Il n'y a aucun répit pour Rex. Depuis son arrivée, tous ses rendez-vous sont des affrontements », se souvient Daniel Cordier[7].

Pendant le séjour de Jean Moulin à Londres entre le 13 février et le 20 mars, le contexte a considérablement changé en France. La loi sur le Service du travail obligatoire (STO) adoptée par le régime de Vichy pour contraindre tous les jeunes Français à travailler en Allemagne a immédiatement provoqué un mouvement de refus. Des centaines de réfractaires décident de « prendre le maquis », et les camps se multiplient dans tous les massifs du sud de la France. Les MUR souhaitent les encadrer et les militariser. Ils ont besoin pour cela d'une aide financière supplémentaire et en font part à la France libre. Mais les demandes envoyées à Londres restent sans réponse, car un passage à l'action armée est jugé trop prématuré, alors que le débarquement allié n'est pas encore à l'ordre du jour. À cela s'ajoute une certaine méfiance à l'égard de ces jeunes insoumis sans expérience militaire. Ce refus est incompréhensible pour les chefs de mouvement, qui souhaitent au contraire doter la Résistance intérieure des troupes qui lui faisaient défaut jusque-là. Ils accusent la France libre de les abandonner. « Les vrais ennemis de la Résistance ce ne sont pas les Boches, c'est vous », déclare Pascal Copeau en colère à Cordier, tandis qu'un télégramme de Jean Moulin envoyé depuis Londres début mars 1943 demande de freiner la constitution des camps[8].

Les retrouvailles avec le représentant du général de Gaulle après son séjour londonien sont forcément tendues. La première réunion entre « Max » et le comité directeur des MUR est des plus houleuses. Accusé de « trahison » par les chefs de mouvement qui font bloc contre lui, « Max » a le sentiment de se trouver face à un « tribunal populaire », comme il le confiera à Georges Bidault et à Daniel Cordier[9].

Les instructions données par de Gaulle sur la composition du futur Conseil de la Résistance passent également très mal. Opposés au retour des vieilles institutions qui ont failli en 1940, se considérant comme la seule incarnation de la Résistance intérieure et désireux de recomposer le champ politique à la Libération, les chefs des mouvements se montrent hostiles à l'intégration des partis et des syndicats. Henri Frenay et Emmanuel d'Astier de La Vigerie organisent une véritable fronde. Ils tentent de rallier leurs homologues de zone nord à leur cause. Dans un mémorandum d'avril 1943, D'Astier exprime clairement ses réticences : « Les mouvements qui ont mis sur pied la résistance et qui ont en charge l'exécutif ne sauraient admettre que, pour apaiser la soif de considération et de pouvoirs futurs des anciens cadres des partis, on crée un Super-Exécutif où les militants de la Résistance seraient en minorité et grâce auquel les formations partisanes reprendraient les leviers de commandes[10]. »

Les chefs de mouvement comprennent que la situation a changé dans les rapports qu'ils entretiennent avec de Gaulle. Si au départ ils avaient besoin de la France libre pour obtenir une aide extérieure et des moyens financiers, c'est surtout de Gaulle désormais qui a besoin des mouvements pour asseoir sa légitimité. Frenay et d'Astier veulent tirer parti de la situation. S'ils acceptent de reconnaître à de Gaulle un rôle symbolique, ils souhaitent maintenir l'autonomie de leurs organisations et rechignent à devenir de simples exécutants.

En février, Frenay entame des démarches pour recevoir une aide directement de la part des Américains en utilisant la « filière suisse ». Il rencontre le chef des services secrets américains à Berne, Allen Dulles. Contre des renseignements qu'il leur ferait parvenir plutôt qu'au BCRA du général de Gaulle, le chef de Combat recevrait en retour des financements pour son mouvement et des armes pour ses combattants[11]. L'organisation de Frenay pourrait ainsi se passer de la France libre à Londres et se développer de façon totalement autonome grâce à l'aide américaine. Lorsque

Moulin l'apprend, il explose et confie à Cordier : « Quel tartuffe ! Depuis mon retour le 20 mars nous nous sommes maintes fois et longuement rencontrés et pas un mot ! Je comprends mieux son refus de siéger au Conseil de la Résistance : il n'est plus seul. Grâce aux Américains, il est prêt à jouer son va-tout et à faire sécession[12]. »

Brossolette, comme un serpent

Le 31 mars 1943, Jean Moulin rencontre Pierre Brossolette et le colonel Passy au bois de Boulogne. Le premier, ancien journaliste et militant de la SFIO avant la guerre, a fait partie du réseau du musée de l'Homme qui s'était constitué autour de la figure de Boris Vildé au cours de l'automne 1940. Ce pionnier de la Résistance échappe aux arrestations qui démantèlent le réseau au printemps 1941 et rejoint Londres en avril 1942. Comme Jean Moulin, il a noué des contacts avec les organisations clandestines en métropole avant de rallier la France libre[13].

Affilié au BCRA, Brossolette (« Brumaire ») est envoyé en France au début de 1943, avec son chef, le colonel Passy (« Arquebuse »). La mission

« Arquebuse Brumaire » doit réaliser l'unification des organisations résistantes en zone nord, ce que Jean Moulin a fait pour la zone sud lors de sa première mission[14]. Le Comité de coordination zone nord tient sa première réunion le 26 mars 1943. Influencé par les chefs de certains mouvements de zone sud, Brossolette s'est opposé au retour des partis et s'est heurté violemment à Moulin. Sans doute cherche-t-il également à contester le rôle de « Max » en tant que seul représentant de De Gaulle en France. Moulin s'en est ouvert à son secrétaire : « Passy et Brumaire sont pires que je ne l'imaginais. Brumaire mène le jeu, c'est un serpent [...]. Ils ont saboté les instructions du général[15]. »

Lors de la rencontre de ce 31 mars 1943, l'échange est des plus violents. Il témoigne de positions irréconciliables mais aussi de l'animosité qui règne entre « Max » et « Brumaire ». Brossolette essaie de convaincre Moulin qu'un Conseil de la Résistance réintroduisant les anciens partis est une erreur majeure qui ruinerait les chances de redressement et de renouvellement politique de la France après la Libération. Moulin accuse Passy et Brossolette de saboter les instructions du général. Les esprits s'échauffent. Moulin rappelle son rang de ministre qui le place dans une position supérieure vis-à-vis de Brossolette et lui demande d'obéir. Les deux hommes s'invectivent. Moulin qualifie les raisonnements de Brossolette de « journalisme de pacotille ». « Brumaire » rétorque à l'ancien préfet qu'il se comporte comme un simple « fonctionnaire » sans vision. Alors qu'il est plutôt homme à rester maître de lui-même, y compris dans les moments de tension, Moulin sort de ses gonds. Il se tape sur les fesses en déclarant à Brossolette : « Voilà ce que j'en fais de votre politique. » Lorsque les deux hommes se quittent, la rage et la haine luisent dans leur regard[16].

Pour surmonter les oppositions, Jean Moulin agit à la fois avec fermeté et esprit tactique. Au sujet des premiers camps de réfractaires, il fait preuve d'écoute et finit par se rallier aux arguments du comité directeur des MUR en acceptant que le budget alloué par Londres soit augmenté. Considérant que Brossolette fait fi des instructions du chef de la France libre et conteste son autorité de seul représentant du général de Gaulle en France, il demande son rappel à Londres. Pour que Frenay rentre dans le rang après avoir tenté de se tourner vers les Américains via la filière suisse, il menace de couper toute aide à son mouvement et fait peser le risque d'une rupture définitive. Moulin sait également jouer sur les divisions qui opposent les résistants entre eux. Il utilise l'autoritarisme dont Frenay est coutumier et qui irrite nombre de ses camarades pour l'isoler. Il s'appuie beaucoup sur Jean-Pierre Levy, qui tente de jouer les conciliateurs avec les autres chefs de mouvement. Pour faire passer la pilule de l'intégration des partis au sein du Conseil de la Résistance, il propose d'appeler ceux qui seraient leurs représentants non pas les délégués « des partis », mais des « secteurs d'opinion ».

Après d'âpres négociations, Jean Moulin parvient à surmonter les réticences et obstacles pour composer le Conseil qui rassemblerait *in fine* huit mouvements de résistance des deux zones (Ceux de la Libération, Ceux de la Résistance, le Front national, Libération-Nord, l'Organisation civile et militaire, Combat, Franc-Tireur, Libération-Sud), six partis politiques (le Parti communiste, la SFIO, les radicaux-socialistes, les démocrates populaires, l'Alliance démocratique et la Fédération républicaine), ainsi que deux syndicats (la CGT, la CFTC). Le futur Conseil serait de cette façon totalement représentatif des différentes organisations impliquées dans la Résistance. Seule l'extrême droite, trop compromise par ses soutiens à Vichy, n'y figurera jamais. Les partis politiques sont clairement remis en selle. L'un d'entre eux tire même particulièrement son épingle du jeu, le Parti communiste, puisqu'il est aussi représenté dans le futur Conseil par les représentants du Front national et de la CGT, deux institutions liées au PC.

8

Le président du Conseil de la Résistance

Le jeudi 27 mai 1943, en début d'après-midi, un grand calme règne dans le quartier de Saint-Germain-des-Prés, dans le 6e arrondissement, en plein cœur de Paris. La Ville lumière ne connaît plus le bouillonnement qui était le sien depuis qu'elle est entrée dans les heures sombres de l'Occupation. Aucune voiture sur les boulevards, du fait de la pénurie d'essence. Si des regroupements s'opèrent près des magasins du quartier, où des queues se forment en silence pour obtenir les denrées qui pourront être servies contre remises des tickets de rationnement, la plupart des rues sont désertes. Seuls quelques promeneurs solitaires arpentent le quartier en ce jour de milieu de semaine.

Au carrefour de la rue du Four et de la rue du Dragon, un jeune homme d'une vingtaine d'années, aux airs d'étudiant, fait les cent pas. Le regard inquiet, il observe tout ce qui se passe aux alentours. Un homme plus âgé, profitant de la visière de son chapeau pour dissimuler une partie de son visage, se dirige vers lui. Leur rencontre est des plus furtives. Une poignée de mains rapide, quelques mots prononcés à voix basse pour ne pas être entendus. Après avoir vérifié qu'ils étaient bien seuls, le jeune homme remet discrètement à son aîné une pochette contenant une série de documents. Les gestes sont fluides et prompts, comme s'ils avaient été répétés à l'avance. Le rendez-vous n'a duré que quelques secondes avant que les deux hommes ne prennent des directions différentes. Le plus jeune se dirige vers la station de métro Saint-Germain-des-Prés, le plus âgé, vers un bel immeuble haussmannien au 48, rue du Four.

Daniel Cordier, le secrétaire de Jean Moulin, vient de remettre à son patron une série de documents indispensables pour qu'il puisse présider quelques minutes plus tard une réunion décisive : celle qui doit permettre de créer le Conseil de la Résistance. Parmi ces documents figure un message autographe du général de Gaulle. La chance sourit à Jean Moulin. Cordier a pu échapper aux opérations de contrôle que développe la police dans la capitale alors que le nombre de « clandestins » ne cesse de croître, surtout depuis que le gouvernement de Vichy a mis en place le STO. Avec les documents qu'il avait en sa possession, la moindre fouille lui aurait été fatale[1].

Une réunion à haut risque

Jean Moulin annonce dans un télégramme adressé à de Gaulle le 8 mai 1943 que le Conseil de la Résistance a été constitué et qu'il est sur le point de se réunir. La teneur du message donne à penser qu'un accord a déjà été obtenu pour que les membres du futur Conseil refusent de voir de Gaulle subordonné à Giraud : « Subordination de Gaulle à Giraud ne sera jamais admise par le peuple de France qui demande installation rapide gouvernement provisoire à Alger sous présidence de Gaulle avec Giraud comme chef militaire[2]. » C'était aller un peu vite en besogne. Si Jean Moulin souhaite obtenir cette position du Conseil, celui-ci, ne s'étant pas encore réuni, n'a donc pu encore en débattre.

La manœuvre doit permettre de renforcer la position de De Gaulle avant même que la première réunion du Conseil de la Résistance n'ait lieu, car la BBC vient d'annoncer que le général allait prochainement s'envoler pour Alger afin d'y rencontrer Giraud. « L'avenir de la République mérite bien un faux », s'ouvre Jean Moulin à son secrétaire pour justifier le contenu du télégramme[3]. Mais la pression est désormais maximale pour le futur président du Conseil de la Résistance. Le texte télégraphié à Londres le 13 mai a été transmis par Jacques Soustelle au service de presse de la France combattante et relayé par les différentes radios du monde libre. Un échec de la première réunion du Conseil et un désaccord entre les participants sur la motion présentée par Moulin seraient catastrophiques.

La préparation de cette première réunion du Conseil de la Résistance a été entourée de nombreuses précautions, d'autant qu'elle se tient en plein Paris et rassemble les plus hauts responsables de la Résistance française, tous activement recherchés par la Gestapo. Initialement prévue le 25 mai, elle est reportée au 27 car l'un des participants, Louis Marin, représentant de la Fédération républicaine, a dû annuler sa venue. Il faut donc en urgence lui trouver un remplaçant, qui sera le journaliste et écrivain Jacques Debû-Bridel. Cette démarche explique la nécessité de retarder de deux jours la réunion.

Les derniers détails ont été mis au point la veille au soir dans un restaurant de Saint-Germain-des-Prés entre Moulin et trois de ses collaborateurs les plus proches, son secrétaire Daniel Cordier (« Alain »), Pierre Meunier (« Morlaix »), qui représente « Max » à Paris, et Robert Chambeiron (« Champion »). Cordier témoigne : « Théoriquement, c'est un travail de routine. En réalité, jamais une réunion n'a rassemblé un aussi grand nombre de représentants clandestins de la Résistance que celle de demain[4]. »

Le lieu n'a pas été choisi au hasard. Par l'intermédiaire de Pierre Meunier, René Corbin, un ancien collaborateur au sein du cabinet de Pierre Cot devenu trésorier-payeur du Loiret, a accepté de mettre à disposition son appartement parisien situé au premier étage du 48 de la rue du Four. La salle à manger est suffisamment grande pour réunir les personnes conviées et permettre qu'une discussion s'y tienne sans être entendue par le voisinage. Une fenêtre de la cuisine offre une possibilité de repli qui donne sur le toit d'une cour intérieure.

Pour des raisons de sécurité évidentes, les participants n'ont pas été informés du lieu précis du rendez-vous. Si l'un d'entre eux venait à être arrêté au cours des heures précédant la réunion, celle-ci serait forcément mise en péril. Ils ont simplement reçu pour consigne de se rendre à différentes stations de métro dans le quartier (Saint-Sulpice, Saint-Germain, Sèvres-Babylone, Mabillon et Croix-Rouge, qui n'existe plus aujourd'hui) à des horaires légèrement décalés pour éviter qu'un rassemblement n'attire l'attention. Cordier, Chambeiron et Meunier viennent les prendre en charge pour les guider les uns après les autres vers l'adresse prévue. Parce qu'il connaît leur identité, Cordier récupère les représentants des mouvements de zone sud. Pierre Meunier et Robert Chambeiron s'occupent pour leur part de ceux de la zone nord, qu'ils ont rencontrés à plusieurs reprises.

Pendant toute la durée de la séance, Cordier a pour consigne de surveiller le quartier et de ne pas trop s'éloigner de la cabine téléphonique près de la station Croix-Rouge. « Max » lui a demandé de l'appeler au cas où il repérerait le moindre mouvement suspect dans une rue habituellement très calme. Pour ne pas se faire remarquer en donnant l'impression de guetter ou d'attendre quelque chose, Cordier fait mine de s'intéresser aux magasins alentour, s'arrêtant devant les vitrines. Pierre Meunier et Robert Chambeiron se tiennent pour leur part à proximité de la station Saint-Sulpice, prêts également à avertir le « patron » en cas de danger.

La Résistance intérieure s'unit derrière de Gaulle

Jean Moulin accueille à partir de 14 heures les représentants des différentes organisations conviées qui le rejoignent à tour de rôle dans l'appartement de la rue du Four. Personne parmi les seize invités ne manque à l'appel. En ce qui concerne les mouvements des deux zones, Roger Coquoin représente Ceux de la Libération, Jacques Lecompte-Boinet Ceux de la Résistance, Pierre Villon le Front national, Charles Laurent Libération-Nord, Jacques-Henri Simon l'Organisation civile et militaire (OCM), Claude Bourdet Combat, Eugène Petit Franc-Tireur, Pascal Copeau Libération-Sud. Pour les partis politiques, André Mercier représente le Parti communiste, André Le Troquer la SFIO, Marc Rucart les radicaux-socialistes, Georges Bidault les démocrates populaires, Joseph Laniel l'Alliance démocratique et Jacques Debû-Bridel la Fédération républicaine. Pour les syndicats, Louis Saillant représente la CGT et Gaston Tessier la CFTC.

Chacun prend place autour d'un grand bureau. Les volets sont fermés pour ne pas attirer l'attention du voisinage, alors qu'une large fenêtre du salon donne sur la rue du Four. Afin d'être bien entendu de tout le monde sans avoir à trop hausser la voix et pour éviter une position surplombante, « Max », qui préside le Conseil, prend place au milieu du bureau plutôt qu'à l'une de ses extrémités comme cela peut être l'usage pour un président de séance. Dans un compte rendu qu'il adresse quelques jours plus tard à Londres, Jean Moulin souligne « l'atmosphère d'union patriotique et de dignité » de la réunion[5].

Le représentant du général de Gaulle ouvre les délibérations en rappelant les buts de la France combattante, la nouvelle appellation de la France libre depuis juillet 1942, et les objectifs du nouveau conseil : 1) Faire la guerre ; 2) Rendre la parole au peuple français ; 3) Rétablir les libertés républicaines dans un État garantissant la justice sociale ; 4) Travailler avec les Alliés à l'établissement d'une collaboration internationale, économique et spirituelle dans un monde où la France retrouverait son prestige. Moulin lit ensuite un message du chef de la France combattante. De Gaulle y prône l'unité par l'action pour « notre intérêt immédiat, notre grandeur de demain et même notre indépendance ».

Georges Bidault prend ensuite la parole pour présenter une motion. Le texte a en réalité été travaillé en amont avec « Max ». Mais Jean Moulin considère qu'il vaut mieux tactiquement que la démarche vienne de l'un des représentants de la Résistance intérieure engagé à la fois dans un mouvement (Combat) et un parti (démocrate populaire). Il affirme :

« La France ne peut concevoir que la création d'un véritable gouvernement, provisoire certes, mais ayant toutes les formes et toute l'autorité, répudiant une fois pour toutes, officiellement et dans les faits, la dictature de Vichy, ses hommes, ses symboles, ses prolongements. Elle entend que ce gouvernement – c'est le devoir du Conseil de l'affirmer avec netteté – soit confié au général de Gaulle qui fut l'âme de la Résistance aux jours les plus sombres et qui n'a cessé depuis le 18 juin 1940 de préparer en pleine lucidité et en pleine indépendance la renaissance de la patrie détruite, comme des libertés républicaines déchirées. Elle souhaite ardemment que le général Giraud, qui a préparé et assuré avec les Alliés la victoire en Afrique du Nord, prenne le commandement de l'Armée française ressuscitée[6]. »

Quelques voix divergentes se font entendre de la part des communistes, qui interpellent Moulin pour qu'une attitude de neutralité entre de Gaulle et Giraud soit adoptée. S'il a officiellement accepté d'adhérer au CNF, que préside de Gaulle, depuis la mission effectuée en janvier 1943 à Londres par Fernand Grenier, le Parti communiste continue de jouer un jeu ambivalent et cherche à incarner une position de neutralité. Cette stratégie n'est pas sans arrière-pensées. La lutte que se livrent les deux généraux pourrait renforcer à terme le poids de la Résistance intérieure, dont les communistes se considèrent comme le fer de lance. Pierre Villon, qui représente le Front national, explique que son organisation ne peut être d'accord avec la formule proposée par Bidault puisque, dans les faits, de Gaulle, qui se trouve à Londres, n'est pas en situation d'incarner le nouveau pouvoir ; c'est Giraud qui est en position de force en contrôlant l'Algérie, territoire libéré[7].

Jean Moulin s'inquiète de voir échouer l'accord qu'il souhaite obtenir de l'ensemble des participants. Tous ses efforts développés depuis son retour de Londres en mars 1943 seraient réduits à néant. Il appelle à une plus juste observation des règles de sécurité liées à une réunion clandestine, invitant à baisser la voix. La manœuvre est habile. Elle permet d'éviter que ceux qui parlent le plus fort ne s'imposent auprès des autres, alors que leur point de vue est minoritaire. Moulin se montre également très ferme sur la nécessité de trouver un accord unanime pour parachever l'unification de la Résistance. Le temps presse, car la réunion ne peut s'éterniser. Villon n'insiste pas et vote avec tous les participants la motion présentée.

Un succès historique

Invoquant des raisons de sécurité, Jean Moulin lève la séance au bout de deux heures. Depuis son poste de garde à l'extérieur, Cordier aperçoit les participants sortir un à un de l'immeuble. Le premier à pousser la porte du 48, rue du Four pour repartir vers le métro est Le Troquer, que Cordier identifie facilement à son bras mutilé lors de la Grande Guerre. Le dernier à quitter les lieux, vers 16 heures, est Jean Moulin.

L'ancien préfet est rayonnant. Il sait que la réunion a été un succès pour unifier la Résistance et la placer sous l'autorité du général de Gaulle. Après avoir confié à son secrétaire « Tout va bien », Moulin lui demande de préparer les courriers et télégrammes pour officialiser la création du Conseil de la Résistance. Il donne rendez-vous à Cordier en début de soirée dans une galerie d'art située au quai des Orfèvres, dans l'île de la Cité, où se tient une exposition de gouaches réalisées par Vassily Kandinsky. C'est la première fois de sa vie que Cordier pénètre dans ce genre d'établissement. Il découvre un univers qui lui est totalement étranger, et les connaissances de son patron en la matière l'impressionnent. À la fin de la visite, Jean Moulin offre un ouvrage imposant à son jeune secrétaire en lui expliquant qu'il s'agit de la meilleure introduction à l'art contemporain, *L'Histoire de l'art moderne* signée par Christian Zervos. Sans le savoir, le chef résistant passionné d'art et artiste lui-même vient de faire naître une vocation chez son compagnon, qui deviendra marchand d'art après la guerre.

« Max » emmène ensuite Cordier dîner dans un grand restaurant, Aux ducs de Bourgogne, 2, place d'Anvers. En cette période de restrictions et de pénurie, l'atmosphère dans les grands établissements parisiens semble totalement hors du temps. Pour que les Allemands puissent profiter des plaisirs de la ville, les autorités d'occupation leur accordent des privilèges exorbitants en matière de ravitaillement. Les règles de rationnement n'y sont pas appliquées. Le champagne et les meilleurs vins coulent à flots, les repas continuent d'avoir la même saveur qu'avant la guerre. Jean Moulin sait que, paradoxalement, ces établissements sont des endroits relativement sûrs pour les résistants. Ces adresses où se bousculent les officiers allemands et tout le gratin de la collaboration ne sont jamais la cible de rafles ou d'opérations de police. « Max » choisit pour un maximum de tranquillité une table au fond de l'établissement. Il s'assoit sur la banquette et désigne à son jeune secrétaire la chaise en face de lui. En tendant la carte, Jean Moulin lui précise qu'il l'invite à « fêter ce grand jour ». C'est la seule allusion directe à la tenue de la première séance du Conseil de la Résistance. Pour éviter qu'une discussion compromettante ne tombe dans des oreilles indiscrètes, Moulin parle toute la soirée, comme il en a l'habitude, d'art et de peinture[8].

Le 4 juin 1943, « Max » rend compte à André Philip de la réussite de la réunion organisée quelques jours plus tôt, rue du Four : « Je tiens à souligner que tous les membres ainsi que leurs mandants ont attaché le plus grand sérieux et la plus haute importance à cette réunion. Certains mouvements, qui malgré tout avaient conservé à l'égard du Conseil quelques préventions, semblent maintenant avoir compris l'intérêt de cet organisme et le poids qu'il peut avoir[9]. » Depuis Londres, André Philip télégraphie : « Nous vous félicitons vivement. »

La réussite de la création de ce que l'on dénommera par la suite le « Conseil national de la Résistance » (CNR) change totalement la donne à la fois pour l'histoire de la Résistance mais aussi dans les rapports entre de Gaulle et les Alliés. En métropole, avant le 27 mai, il y avait des résistances. Après la première réunion du CNR et l'accord obtenu par Jean Moulin, il y a désormais une Résistance unie pour une même cause et derrière un seul chef, de Gaulle. Sur le plan international, les Américains ne peuvent plus douter de la légitimité du général. Le 30 mai 1943, de Gaulle se rend en Afrique du Nord à l'invitation de Giraud. L'idée de cette rencontre, prévue depuis le 16 mars 1943, précédait donc la création du Conseil de la Résistance. Mais lorsque de Gaulle arrive à Alger, il se trouve indéniablement en position de force. Après quelques jours de négociations entre gaullistes et giraudistes, le Comité français de la Libération nationale (CFLN) est fondé le 3 juin 1943. Il sera coprésidé par Giraud et de Gaulle.

Le chef de la France libre a réussi à s'imposer auprès d'un rival qui refusait quelques mois plus tôt de le recevoir et d'envisager un quelconque partage du pouvoir avec lui. Dans ses *Mémoires de guerre*, de Gaulle écrira que « le télégramme de Paris [annonçant la création du Conseil de la Résistance] transmis à Alger et publié par les postes de radio américains, britanniques et français libres, produisit un effet décisif, non seulement en raison de ce qu'il affirmait mais aussi et surtout parce qu'il donnait la preuve que la Résistance française avait su faire son unité [...]. J'en fus à l'instant même plus fort, tandis que Washington et Londres mesuraient, sans plaisir, mais non sans lucidité, la portée de l'événement[10]. »

9

Caluire, le piège

Sur les hauteurs de Caluire, au nord de Lyon, se trouve une petite place ombragée, la place Castellane, depuis rebaptisée « Jean-Gouailhardou ». Un funiculaire, que les Lyonnais surnomment « la ficelle », permet de gravir la forte pente pour y accéder. La mairie est bien visible au centre de la place. À l'angle opposé, qui se distingue des autres bâtiments, se dresse une belle maison bourgeoise rectangulaire de deux étages aux volets bleus. Une vigne vierge grimpe le long des murs, enserrant un petit jardin clos où se dressent quelques arbres. L'endroit semble paisible. Le bâtiment tient lieu, depuis qu'il s'y est installé en 1941, à la fois de lieu de résidence et de cabinet médical au jeune docteur Frédéric Dugoujon, qui n'a pas encore trente ans. Une pièce assez large équipée de plusieurs chaises située à gauche de l'entrée sert de salle d'attente. Sur la droite se trouve le bureau où le docteur effectue ses consultations. Un escalier conduit aux étages supérieurs et aux appartements privés.

Le cabinet médical est cerné

Ce lundi 21 juin 1943, le temps est nuageux. Le docteur Dugoujon reçoit comme à son habitude ses patients, qui sont dans l'après-midi un peu plus nombreux qu'à l'ordinaire. Trois hommes se présentent vers 15 heures à la domestique du docteur, qui les fait entrer dans la salle d'attente, où plusieurs femmes se trouvent déjà. L'un d'entre eux dit s'appeler Jean Martel. Il porte sur lui une lettre de son médecin habituel le renvoyant vers Dugoujon pour traiter ses rhumatismes.

Quelques minutes après, un puissant bruit de moteur et de freins interrompt subitement le calme du quartier. Deux Citroën noires à traction avant stoppent brutalement devant la maison du docteur. Des hommes habillés de noir accompagnés de quelques soldats en armes en sortent pour se ruer vers la porte. Dugoujon raccompagne une mère et sa fille vers la sortie, quand il se trouve face à cinq ou six Allemands menaçants. À voix basse, leur chef lui glisse, pour ne pas être entendu des personnes présentes : « Police allemande. » Puis ses sbires repoussent le médecin dans son bureau et se précipitent, pistolet au poing, dans les différentes pièces du bâtiment.

Au premier étage, dans un salon privé, les Allemands tombent sur un petit groupe de cinq hommes. Visiblement, ils ne sont pas venus là pour consulter, mais pour une réunion. Ils sont immédiatement roués de coups, fouillés et menottés, puis conduits dans la salle à manger, de l'autre côté du palier, où un officier allemand s'est installé.

L'affaire est d'importance. L'*Obersturmführer* Klaus Barbie, le chef de la Gestapo lyonnaise, s'est déplacé en personne pour diriger l'opération. Le sourire satisfait aux lèvres, Barbie jubile. Il sait qu'il est en train de faire la plus belle prise de sa carrière, même s'il ne connaît pas encore l'identité des personnes arrêtées. Ses informateurs lui ont parlé d'une réunion de la plus haute importance à laquelle devait participer « Max », le représentant de De Gaulle en France. Barbie interroge ses prisonniers en hurlant. Puis, il arrache un pied de la table Henri II qui se trouve dans la pièce et s'en sert pour frapper les résistants. Les coups de poing et de crosse pleuvent, accompagnés de nombreux cris.

Au même instant, dans la salle d'attente, les policiers allemands font également preuve de la plus grande brutalité, empoignant et menottant toutes les personnes présentes pour les placer face au mur, les mains derrière le dos. Profitant d'un moment d'inattention de ses tortionnaires, le « patient » se faisant appeler Jean Martel porte à sa bouche des papiers pour les avaler. Il glisse discrètement à son voisin quelques documents qu'il cachait dans la doublure arrière de sa veste.

Au bout de quarante-cinq minutes environ, les Allemands font sortir l'ensemble des personnes présentes dans la maison. Un soldat armé d'une mitraillette se poste à l'entrée, prêt à faire feu. Seules quelques femmes manifestement malades sont immédiatement relâchées. Les autres sont poussés sans ménagement dans les deux Citroën noires. Au moment de monter dans la voiture, l'un des prisonniers se débat et décoche un coup de poing à un garde qui l'accompagne afin de se dégager. Il court à travers la place Castellane pour s'enfuir. Des coups de feu éclatent. Deux Allemands s'élancent à sa poursuite avant de revenir bredouilles quelques minutes plus tard. La scène interpelle les rares témoins qui y assistent autour de la place. La sentinelle postée à l'entrée de la villa n'a pas bougé et ne s'est pas servie de son arme contre le fuyard. Celui-ci ne semblait pas menotté, contrairement aux autres prisonniers. La poursuite paraît avoir été abandonnée bien rapidement et aucune fouille du quartier n'est ordonnée.

Ce 21 juin à Caluire, dans la maison du docteur Dugoujon, les Allemands, sans avoir encore identifié les personnes arrêtées, ont réalisé leur plus beau coup de filet en mettant la main sur le représentant du général de Gaulle en France, Jean Moulin, et sur plusieurs membres de l'Armée secrète (AS), Raymond Aubrac, Henri Aubry, Bruno Larat, les colonels Schwarzfeld et Lacaze, le professeur Lassagne. L'homme qui a réussi à s'échapper est René Hardy, responsable au sein du mouvement Combat des sabotages ferroviaires. C'est grâce à lui que les Allemands sont arrivés sur les lieux. Volontairement ou non, il a trahi ses compagnons.

Après avoir quitté la place Castellane, les Citroën noires se dirigent vers le centre de Lyon et s'arrêtent à l'école du Service de santé militaire, où siège la Gestapo. Les prisonniers sont descendus dans la cave et subissent un premier interrogatoire approfondi. Au cours de la soirée, ils sont transférés à la prison de Montluc et enfermés chacun dans une cellule.

Retour sur la traque

Dans les semaines précédant son arrestation à Caluire le 21 juin 1943, Jean Moulin sent clairement se resserrer l'étau autour de lui, alors que la traque menée par l'ennemi contre les principaux chefs de la Résistance s'intensifie. Le rapport sur l'état de la situation en France rédigé à l'attention du chancelier Hitler le 27 mai 1943 par Ernst Kaltenbrunner, qui vient de succéder à Himmler à la tête de l'Office central de la sûreté du Reich, le RSHA, montre clairement le haut niveau de connaissance qu'ont les occupants du phénomène[1]. Le document évoque l'existence de l'Armée secrète et en dresse plusieurs organigrammes. La présence en France d'un envoyé du général de Gaulle qui œuvre à l'unification de la Résistance est connue. De plus, la perspective d'un débarquement sur les côtes françaises se précisant, les Allemands craignent de devoir lutter sur deux fronts le jour J. Contre les troupes alliées sur les plages et, à l'intérieur, contre de grands mouvements insurrectionnels qui pourraient être déclenchés par la Résistance. Pour éviter cette situation, ils cherchent à décapiter « l'armée des ombres » afin de la paralyser. Au début de l'année 1943, un commando spécial du Sipo-SD, la police de sécurité et de sûreté du Reich, est envoyé depuis Berlin pour traquer le représentant de De Gaulle en France.

Sans avoir une connaissance exacte de ce qui se trame du côté allemand, Jean Moulin se sait directement visé. Le 3 mars 1943, l'arrestation à Paris de son ami Henri Manhès, qui était également son représentant auprès des résistants en zone nord, le touche profondément et l'inquiète. Quelques jours plus tôt, il avait remis à son fidèle lieutenant des photos pour qu'il lui procure une nouvelle carte d'identité. Jean Moulin craint que la Gestapo n'ait mis la main dessus et ne découvre la véritable identité de celui qui se cache sous le pseudonyme de « Max ». L'ancien préfet redouble de vigilance, comme peut s'en rendre compte sa sœur, Laure, à l'occasion d'un court séjour qu'il effectue début avril 1943 à Saint-Andiol. Attentif au moindre bruit extérieur, son frère ne dort plus que d'une seule oreille.

Une échelle installée contre le mur arrière de la maison lui permet de sortir par la fenêtre de sa chambre en cas de danger et de sauter dans la cour des voisins pour s'enfuir. En quittant Saint-Andiol pour retourner à ses activités clandestines, Jean Moulin confie à Laure : « Je fais quelque chose de très important et difficile en ce moment. Si je réussis, je passerai de l'autre côté de la Manche pour me faire oublier quelque temps. Je suis très visé, je dois redoubler de précautions. Ne m'écris pas, même si maman était malade, même si elle venait à mourir. On choisirait le moment de ses obsèques pour m'arrêter[2]. » Il s'agit du dernier échange de Jean Moulin avec sa sœur.

Quelques jours plus tard, le 7 mai 1943, dans un rapport envoyé à Londres au général de Gaulle, « Max » ne cache pas sa situation difficile tout en accusant directement les mouvements de le fragiliser par leurs manœuvres incessantes. Henri Frenay notamment se livre à une diffusion inconsidérée auprès des membres de son organisation des débats qui l'opposent au représentant de De Gaulle. Différentes vagues d'arrestations ayant touché le mouvement Combat, les informations envoyées par Frenay ont pu tomber dans les mains allemandes. Jean Moulin s'en plaint amèrement dans son rapport du 7 mai :

« Le dernier très long rapport de Nef [Frenay] adressé aux chefs régionaux et intitulé "Rapport sur le désaccord entre Max et le comité directeur" était trois jours plus tard après sa diffusion dans les mains de la Gestapo. Cela est d'autant plus regrettable que toute l'activité de Max depuis 18 mois y était retracée et commentée et que l'on faisait état de ses déplacements [...]. Je suis recherché maintenant tout à la fois par Vichy et par la Gestapo qui, en partie grâce aux méthodes de certains éléments des mouvements, n'ignore rien de mon identité ni de mes activités[3]. »

Les arrestations du 9 juin et leurs conséquences

Le 9 juin 1943, à 9 heures du matin, un homme d'une soixantaine d'années, d'allure raide et militaire, sort par les escaliers de la station de métro La Muette et se poste en haut des marches, scrutant les alentours. « Vidal », le chef de l'Armée secrète, a rendez-vous avec « Didot », le responsable des sabotages ferroviaires au sein du mouvement Combat. Un homme l'aborde. Il se présente comme venant de la part de « Didot » et explique que le lieu n'étant pas assez sûr, le rendez-vous se tiendra finalement au métro Passy. « Vidal » acquiesce. Il monte dans la Citroën noire qui stationne à côté de lui. Alors que la voiture prend une direction contraire à leur destination, « Vidal » comprend qu'il est tombé dans un piège. Par l'entremise de leur « homme de confiance » (ou « *v-man* ») Robert Moog, qui travaille pour l'Abwehr de Dijon, les Allemands viennent d'arrêter le général Delestraint. Le chef de l'Armée secrète se retrouve quelques minutes plus tard dans les locaux de la Gestapo, avenue Foch. Après avoir rejoint « Didot », « Vidal » devait ensuite se rendre au métro Rue de la Pompe, où l'attendaient deux de ses proches collaborateurs, le colonel Gastaldo, chef du 2e bureau de l'AS, et l'agent de liaison Jean-Louis Théobald, chargé des relations entre la délégation générale et l'état-major de l'AS. À 9 h 45, les deux hommes sont arrêtés à leur tour.

Delestraint, Gastaldo et Théobald sont tombés dans une souricière montée par les Allemands dont l'origine remonte à la trahison quelques semaines plus tôt d'un membre de Combat, Jean

Multon (« Lunel »), retourné par la Gestapo après son arrestation à Marseille le 28 avril 1943. Secrétaire du chef régional des Mouvements unis de la Résistance, Chevance-Bertin, Multon possède de nombreuses informations sur l'organisation à laquelle il appartient. Cette trahison permet à la Gestapo d'arrêter cent vingt résistants dans les Bouches-du-Rhône. Satisfaits de son travail, les Allemands le transfèrent à Lyon, dans les services de Klaus Barbie. Ils souhaitent utiliser Multon pour arrêter Henri Frenay. Le chef de Combat échappe de justesse à l'arrestation, mais son adjointe à la tête du mouvement, Bertie Albrecht, tombe dans le piège tendu par Multon. Elle est interpellée le 28 mai à Mâcon.

L'indice qui a mis les Allemands sur la piste de Delestraint « Vidal » et déclenché ensuite le drame de Caluire est plus précis encore : l'indication par Multon de l'existence d'une « boîte aux lettres » utilisée par plusieurs responsables de la Résistance au 14 de la rue Bouteille à Lyon. Dans le langage résistant, les « boîtes aux lettres » sont l'équivalent d'une poste clandestine : les rendez-vous, télégrammes, rapports divers y sont déposés par des agents de liaison ou des secrétaires qui les relèvent plusieurs fois par jour. Les adresses utilisées sont mises à disposition par des personnes complices qui ne sont pas engagées dans une organisation et risquent donc moins de faire l'objet d'une arrestation ou d'une perquisition à leur domicile. Ce système est censé renforcer la sécurité des communications clandestines. Mais il est aussi très vulnérable, car la moindre découverte d'une adresse servant de « boîte aux lettres » par les Allemands entraîne la mise en place d'une souricière destinée à repérer les différents allers-retours des résistants et peut provoquer des arrestations en cascade. La découverte d'un message « en clair », qui n'a pas été codé, déposé rue Bouteille, apprend aux Allemands l'existence d'un rendez-vous prévu le 9 juin 1943 à Paris entre « Vidal » (le général Delestraint) et « Didot » (René Hardy).

Dans la soirée du 7 au 8 juin, Multon quitte Lyon en train aux côtés de l'agent Robert Moog pour participer aux arrestations prévues à Paris le 9 juin au matin. Les deux « *v-man* » voyagent en wagon-couchettes. Multon croise un homme blond, plutôt grand et maigre, âgé d'une trentaine d'années. Il reconnaît immédiatement René Hardy, qu'il a côtoyé à Marseille au sein de Combat. À 1 heure du matin, le train s'arrête à Châlons-sur-Marne (rebaptisée depuis Châlons-en-Champagne). Multon et Moog font descendre Hardy et le remettent à des policiers allemands. « Didot » est incarcéré. Le lendemain, 8 juin, une voiture noire de la Gestapo vient le chercher pour l'emmener à Lyon. À l'intérieur se trouve Barbie, qui a jugé la prise suffisamment importante pour se déplacer en personne.

Que s'est-il passé ensuite au cours des interrogatoires d'Hardy ? À Montluc, il est bien traité et n'est pas torturé. Barbie lui propose de travailler pour lui en continuant ses activités résistantes tout en rendant compte régulièrement de ce qu'il apprend. Il le fait relâcher le 10 ou 11 juin. « Didot » reprend son travail clandestin comme si de rien n'était et n'informe aucun de ses camarades de son arrestation. Pour expliquer sa disparition pendant les quelques jours où il se trouvait à Montluc et éviter que cette absence n'alerte ses responsables, Hardy ment. Il reconnaît avoir été arrêté dans le train le menant à Paris mais prétend s'être évadé en sautant du wagon. Il lui avait fallu se cacher quelques jours avant de revenir à Lyon.

Il est difficile de savoir si Hardy est effectivement devenu un traître, un « agent double » désormais totalement dévoué à son « traitant » Barbie, ou s'il pensait pouvoir échapper à ce dernier. À deux reprises, en 1947 et 1950, la justice innocentera « Didot[4] ». Hardy s'est-il placé au service de Barbie avant d'être relâché ? A-t-il simplement été manipulé par le chef de la Gestapo lyonnaise, qui souhaitait en le faisant suivre s'emparer de plus gros poissons ? Était-il totalement sous l'emprise d'une femme, Lydie Bastien, sa maîtresse d'alors ? Celle-ci était en réalité un agent allemand. Elle aurait reçu la mission par celui qui était à la fois son amant et son officier traitant, Harry Stengritt, adjoint de Barbie, de séduire René Hardy pour pouvoir le manipuler[5]. Quelles que soient les motivations réelles d'Hardy, son arrestation allait bien avoir des conséquences catastrophiques, et c'est lui qui permettra de conduire les Allemands à la réunion de Caluire.

« Notre guerre, à nous aussi, est rude »

Jean Moulin n'est pas immédiatement informé des événements tragiques survenus à Paris le 9 juin. Il quitte Lyon le 12 pour passer la Pentecôte chez les parents de sa secrétaire, Hélène Vernay à Trévoux, dans l'Ain. « Max » profite de ce court séjour pour déconnecter de ses activités. Personne ne connaît ici cet homme qui se présente comme artiste peintre et se promène dans le village avec son matériel de peinture.

Trévoux, ce seront ses derniers moments de détente. En rentrant à Lyon le 14 juin, il apprend l'arrestation de « Vidal ». La lettre personnelle qu'il écrit le lendemain au général de Gaulle pour l'informer de la terrible nouvelle est la dernière correspondance échangée entre les deux hommes. Jean Moulin insiste sur les nombreuses causes qui ont pu entraîner la chute de Delestraint, n'épargnant pas, comme à son habitude, une forme de responsabilité des mouvements du fait de leurs inconséquences. Mais il souligne aussi l'aide insuffisante fournie par Londres pour l'Armée secrète, exprimant le sentiment de n'être pas assez soutenu dans son entreprise :

« Mon général. Notre guerre, à nous aussi, est rude. J'ai le triste devoir de vous annoncer l'arrestation par la Gestapo à Paris de notre cher Vidal. Les circonstances ? Une souricière dans laquelle il est tombé avec quelques-uns de ses collaborateurs. Les causes ? Tout d'abord la campagne violente menée contre lui et contre moi par Charvet [Frenay] qui a, à la lettre, porté le conflit sur la place publique et qui a, de ce fait, singulièrement attiré l'attention sur nous. Ensuite, et là permettez-moi d'exhaler ma mauvaise humeur, l'abandon dans lequel Londres nous a laissés en ce qui concerne l'AS [Armée secrète]. Il y a trois mois, lorsque je me trouvais auprès de vos services, j'ai réclamé pour l'AS trois officiers susceptibles de constituer l'armature de l'EM [état-major] de Vidal. Malgré les appels incessants, je n'ai pu obtenir satisfaction. Vidal, alors que Charvet lui dressait les pires embûches, a dû reprendre l'AS à zéro et travailler tout seul pour remonter un instrument sérieux. Il s'est trop exposé, il a trop payé de sa personne [...]. C'est l'AS qu'il faut sauver. Je vous en supplie mon général, faites ce que j'ai l'honneur de vous demander. Votre profondément dévoué. Rex[6]. »

L'appel de « Max » ne reste pas sans réponse. De Gaulle décide immédiatement de lui envoyer un renfort important en la personne de Claude Bouchinet-Serreulles, un officier qui avait été membre de son cabinet militaire avant d'intégrer le BCRA en 1942. Serreulles est parachuté près de Mâcon le 16 juin 1943.

L'arrestation du général Delestraint impose de lui trouver un remplaçant pour diriger l'Armée secrète. Cela ne peut se faire immédiatement, et la décision revient *in fine* au général de Gaulle. Mais Jean Moulin veut parer au plus pressé. Afin d'assurer une forme de transition, il souhaite nommer deux inspecteurs généraux de l'Armée secrète, l'ingénieur Raymond Aubrac pour la zone nord et André Lassagne pour la zone sud. S'il est professeur d'Italien, ce dernier possède également une réelle expérience militaire, ayant servi comme sous-lieutenant et s'étant vu décerné la croix de guerre lors de la campagne de 1940. Pour remplacer temporairement « Vidal », « Max » pense à un ancien officier supérieur retiré de l'armée, le colonel Schwarzfeld, membre d'une petite organisation de résistance à Lyon, France d'abord. Mais il faut faire accepter ces décisions aux chefs de la Résistance en zone sud. Jean-Pierre Levy, Emmanuel d'Astier et Henri Frenay, responsables de Franc-Tireur, de Libération-Sud et de Combat, sont partis à Londres pour y rencontrer de Gaulle.

En leur absence, « Max » s'entretient à Lyon avec leurs représentants. Il convainc facilement Eugène « Claudius » Petit (Franc-Tireur) et Pascal Copeau (Libération-Sud) de ses propositions. Les discussions sont plus difficiles avec Henri Aubry, le représentant de Frenay. Les membres de Combat souhaitent profiter de la chute du général Delestraint pour reprendre le contrôle de l'Armée secrète et imposer un successeur issu de leurs rangs.

Un accord est indispensable pour que la réorganisation de l'état-major de l'AS puisse être mise en œuvre. « Max » décide de plannifier une réunion avec les principales personnes concernées. Afin de contrer une possible fronde des membres de Combat, elle doit absolument se tenir avant la prochaine réunion du comité directeur des MUR fixée le 22 juin.

Jean Moulin charge André Lassagne de trouver l'endroit pour qu'elle puisse avoir lieu. Professeur au lycée du Parc à Lyon, Lassagne connaît parfaitement la ville et possède un important réseau local. Comme pour chaque réunion clandestine, de strictes règles de sécurité sont nécessaires. Lassagne propose l'appartement de l'un de ses collègues de lycée, M. Lonjaret, 7, quai de Serbie. À plusieurs reprises déjà, des rencontres se sont tenues à cette adresse. Mais Lonjaret est convoqué à Paris ce 21 juin pour corriger des copies d'examen. Ses voisins, le sachant absent, pourraient être intrigués par un défilé de personnes inconnues chez lui. Cela représente un risque de dénonciation trop important. Prudent, Lassagne se met donc en chasse d'une nouvelle adresse. Il pense à deux médecins de la banlieue lyonnaise, le docteur Dugoujon à Caluire et le docteur David à Saint-Rambert. Il obtient facilement l'accord du premier le 20 juin.

Rendez-vous chez un sympathisant

L'endroit semble idéal. Si Dugoujon est un « sympathisant » de la Résistance, il n'appartient à aucune organisation, et les Allemands n'ont donc pas de raisons a priori d'opérer une perquisition chez lui. Chez un médecin, les participants peuvent passer inaperçus en se glissant parmi les malades venus consulter. Ceux-là ne sont pas informés de l'adresse exacte à laquelle ils doivent se rendre. Un agent de liaison, Bruno Larat, leur donne différents rendez-vous dans le secteur afin de les y conduire. Sollicité pour accueillir une réunion dont il ignore tout, du motif de la rencontre à l'identité des participants, le docteur Dugoujon prévient sa domestique, Marguerite Brossier : plusieurs personnes se présenteront de la part de M. Lassagne. Elle devra les mener non dans le cabinet du rez-de-chaussée, mais dans une salle du premier étage. Comme à son habitude, Jean Moulin s'est donc assuré qu'un maximum de précautions soient prises pour la rencontre du 21 juin, qui devait redéfinir l'état-major de l'AS. Et pourtant, une règle indispensable à toute réunion clandestine allait être enfreinte ce jour-là : l'un des participants n'a pas été invité. Les conséquences vont être fatales.

En l'absence du chef de l'organisation parti pour Londres, Pierre de Bénouville remplace Frenay à la tête de Combat. Ses relations avec « Max » sont exécrables depuis que l'ancien préfet a appris quelques mois plus tôt les démarches entreprises pour approcher les services secrets américains en Suisse afin de leur faire des offres de service. Bénouville avait été le principal homme de main de Frenay dans cette affaire qui aurait pu entraîner la rupture de toutes relations entre Combat et la France libre. Il demande à Henri Aubry de se faire accompagner de René Hardy à la réunion. Les responsables de Combat ne veulent pas laisser le champ libre à Jean Moulin. Hardy est considéré comme quelqu'un qui en impose dans les discussions. Il représente donc un renfort de poids pour Aubry. À deux, ils arriveraient mieux à contrer

« Max ». Mais en invitant Hardy à Caluire, Aubry emmène une personne pistée par les Allemands depuis que Barbie l'a fait libérer.

Le 20 juin, tous les éléments du drame sont en place. Le lieu de la réunion, la maison du docteur Dugoujon, a été choisi par Lassagne. Sept personnes ont été officiellement invitées : Raymond Aubrac, Henri Aubry, le colonel Lacaze, l'agent de liaison Larat, le professeur Lassagne, le colonel Schwarzfeld. Claude Bouchinet-Serreulles, arrivé quelques jours plus tôt en France, doit normalement y seconder Jean Moulin. Dans la matinée, Moulin a rencontré Raymond Aubrac pour évoquer avec lui ses projets et le rôle qu'il souhaite lui confier. Henri Aubry, de son côté, retrouve René Hardy pour lui confirmer les ordres de Bénouville et sa présence nécessaire le lendemain à la réunion organisée par « Max ». La rencontre se déroule vers 11 heures près du pont Morand, qui enjambe le Rhône et relie les deux rives de la ville. Assis sur un banc près du pont, un homme les observe. Son visage est caché par un journal pour éviter qu'on ne le repère et le reconnaisse. Il ne perd pas un mot de la discussion qui se tient entre Aubry et Hardy. Vêtu d'habits civils pour ne pas se faire remarquer, l'*Obersturmführer* Klaus

Barbie n'a pas lâché Hardy depuis qu'il a ordonné sa libération.

Le 21 juin, vers 10 heures du matin, Jean Moulin rencontre Henri Aubry dans le centre de Lyon pour une dernière mise au point avant la réunion. L'entretien est orageux. Jean Moulin accuse Combat de vouloir « faire cavalier seul » et évoque même une possible « rupture[7] ». Henri Aubry explique de son côté qu'il ne peut accepter les projets de Moulin tant qu'ils ne sont pas validés par Londres. Cette attitude irrite « Max ». L'entretien dure près de deux heures. Aubry n'a pas prévenu qu'il viendrait accompagné de Hardy à la réunion.

Jean Moulin déjeune avec Tony De Graaff, son nouveau secrétaire à Lyon depuis que Cordier est parti s'installer à Paris. Il lui demande d'aller chercher le colonel Schwarzfeld à son domicile pour le conduire ensuite au terminus du funiculaire de Croix-Paquet, où Larat doit les rejoindre pour les emmener à l'adresse choisie pour la réunion. Moulin retrouve ensuite Aubrac place Carnot. Les deux hommes prennent ensemble le tramway pour se rendre à Croix-Paquet. Le colonel Schwarzfeld n'est pas à l'heure au rendez-vous. Il arrive avec un retard de trente minutes.

Puis les trois hommes prennent le funiculaire pour la place Castellane. Ils pénètrent chez le docteur Dugoujon avec trois quarts d'heure de retard. André Lassagne, Henri Aubry, le colonel Albert Lacaze, Bruno Larat et René Hardy sont déjà là et attendent à l'étage. Surpris par la présence de Hardy, Lassagne demande des explications. « Didot » lui répond qu'il ne compte pas assister à la réunion mais seulement voir « Max » pour une affaire urgente.

Parce qu'ils n'étaient pas là à l'heure prévue, la domestique du docteur prend les trois retardataires pour des clients ordinaires et les fait patienter dans la salle d'attente au rez-de-chaussée. Quelques minutes plus tard, les Allemands arrêtent l'ensemble des participants. Claude Bouchinet-Serreulles (« Sophie ») aurait dû lui aussi participer à la réunion de Caluire. En se trompant de funiculaire, il échappe à la capture. C'est lui qui informe les services secrets gaullistes du BCRA des arrestations dans un télégramme reçu à Londres le 24 juin. Il ajoute : « J'assume provisoirement intérim. [...] Travaille dès maintenant libération Rex. Envoyez renforts nécessaires, [...] je n'ai pas besoin d'insister sur l'émotion qui s'est emparée de tous et sur notre profond chagrin. Max laisse un vide bien difficile à combler[8]. »

Le dernier espoir : l'évasion

La possibilité de faire évader Jean Moulin est immédiatement envisagée. Claude Bouchinet-Serreulles espère pouvoir profiter d'une opération de transfert de « Max » entre la prison de Montluc, où il est détenu, et l'école du Service de santé militaire, où Klaus Barbie mène les interrogatoires, pour monter une attaque. Pour avoir une chance de réussir, ce plan nécessite de disposer d'importantes sommes d'argent permettant d'acheter des complicités afin d'obtenir des renseignements précis sur les horaires et les trajets des convois de prisonniers. Il demande également de pouvoir mobiliser des corps francs bien armés et équipés afin de libérer « Max » de ses gardiens allemands. Mais « Sophie » ne voit rien venir. Amer, il télégraphie à Londres le 14 juillet un message sévère critiquant la passivité des mouvements, qui semblent ne pas avoir bougé pour tenter de libérer le représentant du général de Gaulle : « Bien que depuis des mois le poste

“Groupes francs” figure pour plusieurs centaines de milliers de francs au budget des Mouvements unis, ceux-ci n’ont pas été en mesure de nous fournir ni un homme, ni un véhicule, ni une arme. »

Si, sur le papier, l’opération a peut-être une chance de réussir, les moyens de la Résistance sont en réalité beaucoup trop limités pour monter une attaque d’une telle ampleur en un temps record. Car « Max » ne restera qu’une semaine à Lyon avant d’être transféré à Paris. La période est trop courte pour mettre au point une opération comme celle qu’organisera Lucie Aubrac pour faire libérer son époux, Raymond, le 21 octobre 1943. Quatre mois de préparation ont en effet été nécessaires pour que le groupe franc mobilisé pour l’occasion et dirigé par Serge Ravanel puisse attaquer sur le boulevard des Hirondelles (aujourd’hui boulevard des Tchécoslovaques), à Lyon, le camion militaire allemand dans lequel se trouvait Raymond Aubrac à l’occasion d’un transfert.

10

Montluc, l'antichambre de la mort

Érigée en 1921 sur un glacis dominant Lyon où se trouve un fort, la prison militaire de Montluc impressionne les passants par son allure austère et ses grands murs froids. La guerre a redonné vie à cette vieille prison qui avait été fermée au début des années 1930. En septembre 1939, elle accueille des militaires condamnés pour insubordination. Après l'invasion de la zone sud en novembre 1942 et leur installation à Lyon, les Allemands ont rapidement convoité l'établissement. Les locaux sont entièrement réquisitionnés le 17 février 1943. L'établissement devient une prison militaire allemande, gérée directement par Klaus Barbie, chef de la Gestapo et n° 3 dans la hiérarchie du *Kommando der Sipo-SD* (KDS), qui dirige l'ensemble des forces de la répression allemande à Lyon.

Des milliers d'hommes et de femmes, des otages, des persécutés raciaux et des résistants y sont enfermés pour un temps plus ou moins long, dans des conditions inhumaines. Composée à l'origine de cent vingt-deux cellules individuelles, Montluc connaît lors de cette période une surpopulation carcérale. Les cellules de quatre mètres carrés contiennent jusqu'à huit détenus.

En juin 1943, Christian Pineau, le chef du mouvement Libération-Nord, figure parmi les prisonniers de Montluc. Arrêté par la Gestapo en mai sous le faux nom de Jacques Grimaux, il est incarcéré sans toutefois que les Allemands ne découvrent sa véritable identité ni son rôle précis dans la Résistance. Il se présente comme coiffeur, et les geôliers l'emploient à cette tâche pour procéder au rasage des détenus. Le 24 juin au soir, un sous-officier lui demande de l'accompagner pour raser un prisonnier. Christian Pineau est amené jusqu'à un banc sur lequel un homme est étendu. Un soldat portant une mitraillette à la bretelle se trouve à ses côtés, ce qui témoigne de son importance pour les Allemands. En s'approchant, Pineau a une vision d'horreur. L'homme n'est qu'à moitié conscient. Ses yeux sont creusés comme si on les lui avait enfoncés dans leurs orbites. Il porte sur le crâne une vilaine plaie bleuâtre qui témoigne de nombreux coups reçus à la tête. Un râle léger s'échappe de ses lèvres gonflées.

Christian Pineau s'installe pour raser ce détenu dont les blessures montrent les horribles souffrances endurées. Il reconnaît alors « Max », qu'il a pu croiser à plusieurs reprises par le passé lors de réunions clandestines. Son corps est inerte. Pineau tente de s'approcher et de le toucher, sans que cela ne déclenche aucune réaction. Il lui faut dégager les lèvres et les joues pour pouvoir le raser sans le couper. Tout à coup, « Max » sort de son coma et réclame à boire. Alors que le soldat s'éloigne quelques instants pour aller chercher un peu d'eau, il tente de prononcer d'une voix haletante et brisée quelques mots en anglais que Pineau ne comprend pas. Après avoir bu quelques gorgées, il perd à nouveau connaissance. Tandis que la nuit tombe sur la prison et que les lumières s'allument, Christian Pineau a l'impression d'assister à une veillée mortuaire en contemplant le corps décharné et meurtri de Jean Moulin[1].

Dans les griffes de Klaus Barbie

En réalisant le 21 juin le coup de filet de Caluire, Klaus Barbie sait qu'il a entre ses mains « Max », dont la présence à la réunion organisée chez le docteur Dugoujon lui avait été confirmée par différents indices, notamment la discussion dont il avait été personnellement témoin entre Hardy et Aubry près du pont Morand, la veille de l'opération. « Max est parmi eux », crie l'officier allemand en entrant dans le salon du premier étage de la maison du médecin, où ont été arrêtés Aubry, Lassagne, Lacaze et Larat. « Il ne s'agit pas de faire des histoires. Max, vous le connaissez, c'est le représentant du général de Gaulle en France, il est ministre dans le comité des Français de Londres, en mission en France pour commander toute la Résistance », n'arrête-t-il pas de vociférer en procédant de façon très brutale aux premiers interrogatoires[2]. En dépit des premières séances de torture auxquelles il se livre sur les différents participants de la réunion, le chef de la Gestapo lyonnaise n'identifie pas immédiatement qui est Jean Moulin parmi ses prisonniers. Il s'acharne plus particulièrement sur les hommes dont la présence au premier étage indiquait clairement qu'ils n'étaient pas venus pour une simple consultation : Larat, Aubry et Lassagne (du fait de son âge plus élevé, 60 ans, le colonel Lacaze ne pouvait être Jean Moulin). Klaus Barbie pense même au début que « Max » est le professeur André Lassagne. Jean Moulin, qui avait été arrêté en salle d'attente et possédait un certificat médical lui conseillant de consulter de docteur Dugoujon pour des problèmes de rhumatismes, semble moins suspect. Sous les coups, un homme craque, Henri Aubry, le 24 ou 25 juin 1943. Il révèle que « Max » se cache derrière le patient se faisant appeler Martel. Pour obtenir ses aveux, les Allemands ont usé sur lui de violences physiques particulièrement brutales. Aubry a l'épaule démise et perd plusieurs fois connaissance. Ils utilisent également à plusieurs reprises des mises en scène sadiques visant à lui faire croire qu'ils allaient procéder à son exécution, pour l'affaiblir psychologiquement.

Pour les Allemands, l'arrestation et l'identification de Jean Moulin constituent une importante victoire. Du fait de ses fonctions, « Max » connaît tout de la Résistance, qu'il dirige en métropole au nom du général de Gaulle. Le faire parler est une priorité absolue pour envisager de démanteler « l'armée des ombres ». Pendant quatre jours, Klaus Barbie extrait Jean Moulin de nombreuses fois de sa cellule de Montluc pour le faire transporter au 14, boulevard Berthelot, où se trouvent ses services. Il multiplie les séances de torture afin d'obtenir de son prisonnier des aveux sur sa véritable identité ainsi que des renseignements sur son action, et la façon dont est organisée la Résistance. En vain. Si les témoignages que Barbie a pu livrer sur cette affaire recèlent de nombreuses incohérences et contradictions, il y a bien un élément qui revient à chaque fois et ne fait l'objet d'aucune contestation possible : Jean Moulin n'a pas parlé. Comme à Chartres en juin 1940 pour éviter d'agir de façon déshonorante, il aurait également tenté de se suicider à plusieurs reprises lors de son séjour à Montluc, en se jetant du haut d'un escalier ou en se tapant la tête contre les murs[3].

"Un homme très malade"

Le 28 juin, du fait de l'importance que représente son détenu, Barbie reçoit l'ordre de ses supérieurs de le transférer à Paris. À cause de ses blessures, « Max » est à peine transportable. Un médecin allemand lui donne les soins nécessaires, lui bandant notamment le crâne. Klaus Barbie le transporte lui-même à Paris dans sa voiture. Le voyage s'effectue de nuit. Jean Moulin, qui est au plus mal, perd plusieurs fois connaissance.

Barbie dépose son prisonnier à la villa du colonel Karl Bömelburg, le chef de la Gestapo parisienne. Située à Neuilly, au 40, boulevard Victor-Hugo, la résidence appartenait à des propriétaires juifs spoliés. Elle fut réquisitionnée pour devenir le siège parisien du SD, les services de sécurité du Reich, et transformée en prison pour des détenus importants. Situé un peu à l'écart de Paris, à l'orée du bois de Boulogne, l'endroit est étrange. Il sert de lieu de détention mais aussi de réunions mondaines, alors que Bömelburg apprécie les soirées en présence du gratin de la collaboration et du Tout-Paris. L'officier supérieur a largement recours à la torture sur ses prisonniers mais n'organise jamais les séances dans sa villa, préférant les déléguer notamment à l'équipe de la Gestapo parisienne installée rue Lauriston, sous la direction d'Henri Lafont et de l'ancien inspecteur Pierre Bonny. Nombreux sont les « hôtes » de marque à être passés par la villa. Le président

Albert Lebrun ainsi que l'ambassadeur André François-Poncet y séjournent avant d'être transférés comme otages en Allemagne.

Deux médecins prennent immédiatement en charge Jean Moulin à son arrivée. À bientôt soixante ans, Karl Bömelburg est l'un des hommes les plus puissants et les plus craints de l'appareil d'occupation allemand. Comprenant qu'il sera extrêmement difficile d'en tirer quoi que ce soit au vu de son état physique et de sa faiblesse extrême, il fait de sévères reproches à Barbie, dont les méthodes brutales ont conduit à réduire au silence un prisonnier de première importance. Le chef de la Gestapo lyonnaise sera durement tancé par ses supérieurs pour avoir échoué à faire parler Moulin avant de leur remettre le corps d'un homme qui n'a quasiment plus de vie. Un infirmier travaillant à la villa, Millitz, a témoigné de l'état dans lequel se trouvait Jean Moulin à ce moment-là : « J'ai vu un prisonnier qui me faisait une impression très bizarre. Il était oppressé et se tenait le ventre ou les reins. Il m'a fait l'impression d'un homme très malade et qui n'avait plus pour longtemps à vivre[4]. »

"Comment voulez-vous que je reconnaisse cet homme ?"

Hormis « Max », d'autres résistants arrêtés lors du coup de filet de Caluire ont également été transférés à Paris fin juin 1943 pour être internés à Fresnes. Henri Aubry et André Lassagne sont mis en présence de Moulin lors de son passage à la « villa Bömelburg » pour confrontation. Aubry l'aperçoit totalement inerte, allongé sur une chaise longue, semblant être plongé dans le coma. Le professeur Lassagne a du mal à reconnaître Jean Moulin tant son état est pitoyable : « Il avait été très sérieusement torturé. Il était méconnaissable. Il n'avait plus que les yeux de vivants, la tête enveloppée de pansements, réellement moribond[5]. » Le général Delestraint, détenu à Paris depuis son arrestation le 9 juin, est lui aussi mis en présence de Jean Moulin. Aux Allemands qui lui demandent si l'homme gisant sur une civière, le visage meurtri et recouvert de pansements, est bien « Max », le général répond : « Comment voulez-vous que je reconnaisse cet homme dans l'état où il se trouve[6] ? »

Une hospitalisation semble indispensable si les Allemands veulent maintenir Jean Moulin en vie et tenter d'obtenir des renseignements de lui. Mais au vu de l'importance du personnage, l'occupant craint qu'une tentative de libération soit menée si leur prisonnier est interné dans un hôpital parisien. Les responsables du RSHA à Berlin décident de le transférer vers un hôpital militaire de la capitale allemande. Le 8 juillet 1943, l'ancien préfet est transporté gare de l'Est. Il est si affaibli qu'une ambulance est nécessaire. Accompagné d'un policier chargé de sa surveillance, Jean Moulin monte dans un compartiment spécial du train régulier Paris-Berlin. Il meurt au cours du voyage. Son corps est déposé dans une cellule du commissariat de police de la gare de Metz afin d'être soustrait au public. Une note datée du 25 juillet 1943 et signée d'un médecin allemand confirme le décès : « Je soussigné, Docteur en médecine, médecin-major Beschke, certifie par la présente que le prisonnier J-P Moulin est décédé au cours de son transport à Paris en Allemagne à la date du 8 juillet 1943, vers deux heures. À la suite de l'autopsie pratiquée par moi-même, la mort est probablement due à une crise cardiaque[7]. »

Laure Moulin et sa mère ne sont informées de la mort du préfet Moulin que le 19 octobre 1943 par la Gestapo de Montpellier. Le sort exact de la dépouille de Jean Moulin reste nimbé d'un certain mystère. Le 9 juillet 1943, lendemain de sa mort présumée, un « ressortissant français décédé en territoire allemand » est incinéré sur ordre de l'occupant dans le columbarium du Père-Lachaise. Les cendres sont déposées dans une urne portant le numéro 10137. C'est cette urne qui sera ensuite transférée dans le carré réservé à la Résistance sous le numéro 3857 et avec la mention « Cendres présumées de Jean Moulin ». Elle quittera le 18 décembre 1964 le cimetière du Père-Lachaise pour être transportée jusqu'au Panthéon.

11

« Entre ici, Jean Moulin »

Paris, le 19 décembre 1964. En ce début d'hiver, un vent froid s'est abattu sur la capitale. Le ciel est gris. Et pourtant une foule nombreuse et silencieuse se rassemble aux alentours du Panthéon et le long de la rue Soufflot. Véritable lieu de la mémoire collective, le Panthéon est un mausolée républicain. C'est là que sont enterrés depuis la Révolution les grands hommes à qui la patrie souhaite rendre hommage. Sa localisation sur la montagne Sainte-Geneviève, son architecture néoclassique, son fronton et sa coupole caractéristiques en font l'un des monuments les plus emblématiques de Paris. S'il dégage une certaine froideur, celle-ci s'intègre parfaitement dans l'atmosphère recueillie qui règne ce 19 décembre. Une estrade funéraire supportant un cercueil a été installée au pied du monument.

Vers midi, un important cortège de voitures escorté par des membres de la Garde républicaine stoppe en haut de la rue Soufflot. Le président de la République, Charles de Gaulle, son premier ministre, Georges Pompidou, et son ministre des Affaires culturelles, André Malraux, sont accueillis par le gouverneur militaire de Paris, le général Dodelier. De Gaulle et ses ministres traversent la place du Panthéon pour s'incliner devant le cercueil. Portant son uniforme et son képi militaires, le général se fige avec la raideur qui le caractérise et se met au garde-à-vous face au catafalque. Son visage est grave. Il gagne ensuite la tribune présidentielle dressée devant la façade de la faculté de droit et qui forme un V, comme le V de la victoire, avec une seconde tribune aménagée face à la mairie du 5e arrondissement[1].

Sur la place du Panthéon, un podium fait face au cercueil. André Malraux s'y installe pour prononcer l'éloge funèbre. Avant d'être le ministre du général de Gaulle, Malraux, qui a obtenu le prix Goncourt pour son roman *La Condition humaine*, a longtemps incarné la figure de l'écrivain engagé. Militant antifasciste, il a combattu aux côtés des républicains espagnols. Même si certains l'accusent d'avoir rejoint la Résistance un peu tard, au printemps 1944, il participe sous le nom de « colonel Berger » aux combats de la Libération dans le Sud-Ouest. Devenu après la guerre un gaulliste inconditionnel, le ministère des Affaires culturelles a été créé et taillé sur mesure pour lui en 1959.

Dans son style caractéristique, la voix grave et lyrique, Malraux débute son discours : « Monsieur le président de la République. Voilà donc plus de vingt ans que Jean Moulin partit, par un temps de décembre sans doute semblable à celui-ci, pour être parachuté sur la terre de Provence et devenir le chef d'un peuple de la nuit. » Entrecoupé de quelques toussotements et de pauses provoquées par le vent qui oblige Malraux à replacer ses feuillets, le discours ne dure qu'une quinzaine de minutes. Par sa force, il contribue à faire entrer Jean Moulin dans la mémoire collective : « Comme Leclerc entra aux Invalides avec son cortège d'exaltation dans le soleil d'Afrique, entre ici, Jean Moulin, avec ton terrible cortège. Avec ceux qui sont morts dans les caves sans avoir parlé comme toi et même, ce qui est plus atroce, en ayant parlé, avec tous les rayés et tous les tondus des camps de concentration… »

Un héros éclipsé

Jusqu'en 1964 pourtant, Jean Moulin n'est pas cette figure symbolique qu'allait consacrer sa panthéonisation[2]. À la fin de la guerre, certains résistants appelaient de leurs vœux la mise en place d'un grand parti issu de la Résistance susceptible de remplacer les partis traditionnels. Mais ce bouleversement n'a pas eu lieu. La IVe République marque au contraire le retour au premier plan des vieux clans qui avaient animé la vie politique sous la IIIe. En désaccord avec ce rétablissement du « régime des partis » favorisé par le maintien d'un système institutionnel parlementaire, alors qu'il était partisan d'un régime présidentiel, de Gaulle quitte le pouvoir en 1946 et entame une longue « traversée du désert » jusqu'en 1958. Cette mise en retrait politique du général s'accompagne logiquement d'une forme d'oubli dans la mémoire collective de celui qui avait été son représentant auprès de la Résistance intérieure. Alors qu'il n'appartenait à aucune formation politique, Jean Moulin pâtit du fait que, sous la IVe, les partis cherchent à mettre en avant leurs propres héros. Les socialistes célèbrent Pierre Brossolette ou Jean Cavaillès, qui avaient été membres de la SFIO avant la guerre, les communistes, Danielle Casanova, Georges Politzer ou même Guy Môquet, fusillé comme otage à dix-sept ans en octobre 1941. Les partis de droite honorent le lieutenant catholique Honoré d'Estienne d'Orves, envoyé en décembre 1940 depuis Londres pour développer en France le réseau Nemrod, arrêté fin janvier 1941 à la suite d'une trahison et fusillé au mont Valérien.

Face à ces figures de la Résistance qui incarnent une mémoire partisane, Jean Moulin n'occupe qu'une place très secondaire. Si on donne son nom à quelques rues ou que des plaques sont apposées sur des édifices publics, le premier président du Conseil national de la Résistance n'est dans la mémoire collective qu'un résistant parmi d'autres. Il est surtout célébré localement, à Béziers, où il est né, ou en Eure-et-Loir, où il avait été préfet au début de l'Occupation. À Chartres, le 11 juillet 1948, est inauguré un monument du sculpteur Marcel Courbier montrant un poing humain de granit rose, serré sur la poignée d'un glaive à la lame brisée, dédié à Jean Moulin, « Organisateur de la Résistance, héros et martyr ». Les hommages nationaux restent quant à eux très rares, tandis que les premiers livres d'histoire consacrés à la Résistance n'offrent pas non plus dans les années d'après-guerre une place centrale au représentant du général de Gaulle.

Jean Moulin au Panthéon

La cérémonie de la panthéonisation et le discours prononcé par André Malraux constituent bien un tournant mémoriel. Contrairement à ce qui est souvent écrit, l'initiative ne vient pas du plus haut sommet de l'État et du général de Gaulle, au pouvoir depuis 1958. À l'approche du vingtième anniversaire de la Libération de la France, c'est l'Union des résistants, déportés, internés et des familles des morts de l'Hérault (Jean Moulin est né à Béziers) qui formule une proposition de transfert des cendres de Jean Moulin au Panthéon. La demande est relayée par le député socialiste de l'Hérault, Raoul Bayou, arguant que « personne ne met en doute le caractère particulièrement héroïque de l'action entreprise par Jean Moulin, véritable fondateur et premier chef de la Résistance sur le sol national[3]».

Alors que les choix de panthéonisation se sont accompagnés maintes fois de querelles mémorables, comme ce fut le cas par exemple pour Jean Jaurès en novembre 1924, l'idée d'un transfert des cendres de Jean Moulin au Panthéon fait consensus. L'ancien préfet est une figure propice au rassemblement. Les polémiques liées à la constitution du CNR ou aux divisions qui ont pu opposer les résistants entre eux sont désormais oubliées. Ce qui compte maintenant, c'est d'entretenir l'héritage d'une Résistance qui a su s'unir face à l'occupant et inspirer les réformes qui ont permis de redresser la France à la Libération.

Bien que venant de l'opposition socialiste, la proposition de panthéonisation est validée le 30 mai 1963 par le ministre d'État chargé des Affaires culturelles, André Malraux, et le Premier ministre, Georges Pompidou. Il est indéniable que les gaullistes ont souhaité récupérer l'événement pour lui donner une dimension politique toute particulière. À travers Jean Moulin, c'est bien l'action du général de Gaulle qui serait célébrée. Deux jours de cérémonie sont prévus, les 18 et 19 décembre, selon un protocole extrêmement précis. Pas un détail n'est laissé au hasard lors des réunions préparatoires. La première journée, celle du vendredi 18, est consacrée à l'exhumation et au transfert de l'urne funéraire depuis le cimetière du Père-Lachaise. Laquelle est ensuite transportée dans la crypte du Mémorial des martyrs de la déportation, qui se trouve dans l'île de la Cité. C'est là qu'est rendu dans l'après-midi du 18 l'hommage de la Résistance et des résistants. Une garde d'honneur composée de cent quatre-vingt-quatorze compagnons de la Libération, des anciens membres du CNR encore vivants et de nombreuses personnalités, se rclaie auprès de l'urne. Pendant tout ce temps, le bourdon de Notre-Dame sonne le glas. Vers 22 heures, dans un Paris plongé dans l'obscurité d'une nuit d'hiver, un cortège se forme. Un véhicule blindé encadré par des porteurs de torche transporte le cercueil vers le Panthéon en passant par le quai de l'Archevêché, la rue du Cloître-Notre Dame, le boulevard Saint-Michel et la rue Soufflot. Pendant toute la nuit, un pinceau tricolore de projecteurs de DCA est tracé dans le ciel depuis le monument.

Après l'hommage « populaire » rendu par les résistants et les Parisiens, la cérémonie du samedi 19 décembre qui se déroule devant le Panthéon prend une dimension plus officielle, sous la présidence du général de Gaulle. En ce sens, le transfert des cendres de Jean Moulin au Panthéon est un acte politique. Après les nombreuses divisions et blessures provoquées par la guerre d'Algérie, qui s'est terminée deux ans plus tôt, la nation a besoin de s'unir à nouveau en 1964 autour du chef de l'État. Et derrière le vibrant hommage rendu à la fois à Jean Moulin et au « peuple de la nuit », c'est bien en réalité de Gaulle en personne que célèbre Malraux en soulignant que « le général assumait le non du premier jour, le maintien du combat, quelle qu'en fût la forme, enfin le destin de la France ». Venant de la rue Clotaire pour passer devant la façade du Panthéon puis la tribune présidentielle, le défilé des troupes permet tout à la fois de saluer la dépouille mortelle de Jean Moulin et le président de la République.

« Enterré gaulliste, Jean Moulin ressuscite socialiste »

Le 21 mai 1981, dix-sept ans après le transfert des cendres de Jean Moulin, une nouvelle cérémonie se déroule au Panthéon. Tout récemment élu, le président socialiste François Mitterrand a décidé de rendre hommage à trois figures, trois grands hommes qui ont marqué par leur action à la fois l'histoire de la France et celle de la gauche : Victor Schœlcher, qui a aboli l'esclavage en 1848, Jean Jaurès, le fondateur du Parti socialiste et défenseur de la cause ouvrière, et Jean Moulin, qui avait unifié la Résistance française au nom du général de Gaulle. Il est environ 18 heures lorsque le cortège officiel remonte le boulevard Saint-Michel pour s'arrêter au bas de la rue Soufflot. Entouré de ses amis et lieutenants, François Mitterrand longe la rue Soufflot à pied. Bien que soigneusement préparée par Jack Lang, la mise en scène est le modèle inverse de la cérémonie très codifiée et protocolaire du 19 décembre 1964. Il n'y a aucun apparat militaire. Les barrières sont rapidement submergées et un immense cortège populaire investit la rue Soufflot derrière Mitterrand, qui connaît son premier bain de foule en tant que Président. Les Parisiens sont heureux de fêter l'alternance politique et le retour de la gauche au pouvoir attendus depuis si longtemps. Mitterrand, deux roses à la main, se dégage de la foule et entre seul dans le Panthéon. Il descend dans la crypte pour se recueillir devant les tombes de Jaurès et Moulin[4].

« Enterré gaulliste, Jean Moulin ressuscite socialiste », titre *Paris Match*. Célébré par la droite et la gauche, Jean Moulin s'était bien imposé dans la mémoire collective comme une figure œcuménique. Le 24 avril 1983, le gouvernement socialiste décidait de lui rendre un hommage exceptionnel pour le quarantième anniversaire de sa mort. Le Premier ministre Pierre Mauroy prenait la tête d'un comité national chargé d'organiser la commémoration. L'hommage rendu le 17 juin fut cette fois-ci beaucoup plus protocolaire, avec une remontée des Champs-Élysées du président Mitterrand jusqu'à l'Arc de Triomphe, où avait été placée la célèbre photo de l'homme au chapeau et à l'écharpe prise à la préfecture de Chartres en 1939.

Les rancœurs d'Henri Frenay

De façon quelque peu paradoxale, alors que Jean Moulin s'impose au cours des années 1970 et 1980 dans la mémoire collective comme une figure résistante dominante et consensuelle, sa trajectoire donne lieu à toute une série de polémiques et d'empoignades opposant acteurs, témoins et historiens de la Résistance en France.

Les attaques développées contre Moulin ne proviennent ni des nostalgiques de Vichy ni de la droite antigaulliste, mais des milieux résistants eux-mêmes et plus particulièrement d'un homme, Henri Frenay. Émission phare des années 1970 à la télévision, les « Dossiers de l'écran » invitent le 11 octobre 1977 l'ancien chef de Combat, qui vient de publier un ouvrage intitulé *L'Énigme Jean Moulin* censé faire d'importantes révélations sur la trajectoire de « Max ». Frenay y explique que Jean Moulin avait été en France l'homme du Parti communiste, favorisant directement ses desseins, notamment lors de la création du CNR. Pour se justifier, il s'appuie surtout sur les liens entretenus avec Pierre Cot, accusé d'avoir été un agent du Komintern. Face à Frenay se trouve sur le plateau Daniel Cordier, l'ancien secrétaire de Jean Moulin, qui s'insurge contre les attaques développées à l'égard de « Max » et l'absence de preuves autres que quelques témoignages n'ayant guère de valeur. L'échange est violent. Frenay, l'ancien chef de mouvement, renvoie avec condescendance Cordier à son rang de simple secrétaire : « Je ne veux pas vous faire de peine, mon cher Cordier, vous étiez l'intendance, et les problèmes politiques, ce n'était pas à vous qu'ils étaient confiés[5]. » Pour Daniel Cordier, cette émission est un tournant. À la fois blessé par les mots et désarçonné par l'aplomb avec lequel Frenay assène ses attaques, celui qui était devenu marchand d'art après la guerre décide de se faire historien : il se lance dans l'écriture d'une biographie de son patron basée sur l'ensemble des archives disponibles. Cette démarche, au-delà du seul cas de Jean Moulin, va considérablement changer la façon d'écrire l'histoire de la Résistance, confortant dans leur position les historiens travaillant à partir des archives, en regard des acteurs ou journalistes, qui n'ont tendance à s'appuyer que sur les témoignages[6].

L'ouverture des archives et leur analyse à la fois méthodique et critique ont permis de faire fi des accusations portées contre Moulin par Frenay. La rancœur de l'ancien chef de Combat, qui s'était violemment opposé à la façon dont avait été composé le CNR et n'avait cessé de penser que la Résistance intérieure avait été confisquée par la France combattante et le général de Gaulle, s'était muée en malhonnêteté intellectuelle. Si ces accusations visant à faire de Jean Moulin un « cryptocommuniste » ont parfois pu ressurgir sous la plume de journalistes en mal de sensationnel, elles n'ont guère ébranlé son image auprès du grand public.

La disparition des derniers témoins de la période a mis fin aux quelques polémiques qui avaient pu être alimentées par d'anciens résistants aigris de ne pas avoir pu jouer après la guerre le rôle qu'ils auraient voulu. Jean-Pierre Levy, chef du mouvement Franc-Tireur, avait vu juste en déclarant en 1993 à l'occasion d'une journée d'études consacrées au premier président du CNR : « D'un point de vue historique, je suis de ceux qui pensent qu'il restera un nom de résistant dans l'histoire de France, c'est celui de Jean Moulin[7]. » Et l'un des plus beaux témoignages rendu à Jean Moulin fut également émis par un autre grand chef de mouvement, Emmanuel d'Astier de La Vigerie, qui s'opposa pourtant violemment à « Max » lorsqu'il dirigeait Libération dans la clandestinité, mais qui sut reconnaître à la fin de sa vie que la période de l'Occupation n'avait produit que deux hommes d'État, de Gaulle et Jean Moulin[8].

Liste des sigles

AD	Archives départementales
AN	Archives nationales
AS	Armée secrète
BBC	British Broadcasting Corporation
BCRA	Bureau central de renseignement et d'action
CFLN	Comité français de libération nationale
CFTC	Confédération française des travailleurs chrétiens
CGE	Comité général d'études
CGT	Confédération générale du travail
CNF	Comité national français
CNR	Conseil national de la Résistance
DCA	Défense contre avions
FFL	Forces françaises libres
FN	Front national (de lutte pour la liberté et l'indépendance de la France)

GESTAPO	*Geheime Staatspolizei*, police secrète d'État
KDS	*Kommando der Sipo-SD*
MUR	Mouvements unis de Résistance
NAP	Noyautage des administrations publiques
OCM	Organisation civile et militaire
PC	Parti communiste
RSHA	*Reichssicherheitshauptamt*, office central de sécurité du Reich
SD	*Sicherheitsdienst*, service de renseignement nazi formé par la SS
SFIO	Section française de l'Internationale ouvrière (nom du Parti socialiste)
SIPO	*Sicherheitspolizei*, police de sécurité
SIPO-SD	*Sicherheitspolizei und Sicherheitsdienst*, police de sûreté et service de renseignement

Chronologie

20 juin 1899 : naissance de Jean Moulin à Béziers.

Septembre 1917 : attaché au cabinet du préfet de l'Hérault.

Octobre 1925 : sous-préfet d'Albertville (Savoie).

Décembre 1932 : chef adjoint du cabinet de Pierre Cot au ministère de l'Air.

Juin 1936 : chef de cabinet de Pierre Cot au ministère de l'Air.

Mars 1937 : préfet de l'Aveyron. Il est alors le plus jeune préfet de France de son époque.

Février 1939 : préfet d'Eure-et-Loir.

17 juin 1940 : refusant de signer un « protocole » infamant pour l'armée française, le préfet Jean Moulin est battu par des officiers allemands et tente de se trancher la gorge.

Novembre 1940 : révoqué par le régime de Vichy.

25 octobre 1941 : première entrevue, à Londres, avec de Gaulle. Le général lui confie la mission d'unir les mouvements de Résistance et de créer l'Armée secrète unifiée.

2 janvier 1942 : parachutage dans le sud de la France avec des fonds pour les mouvements et du matériel de transmission.

26 janvier 1943 : création des Mouvements unis de Résistance (MUR), fédération des trois grands mouvements de la Résistance en zone sud (Combat, Franc-Tireur et Libération).

13 février au 20 mars 1943 : deuxième séjour de Moulin à Londres. De Gaulle le charge de créer le Conseil de la Résistance et le nomme son seul représentant pour l'ensemble de la France.

27 mai 1943 : Jean Moulin préside la séance inaugurale du Conseil de la Résistance à Paris.

21 juin 1943 : arrestation de Jean Moulin à Caluire, près de Lyon, lors d'une réunion, où devait être débattue la réorganisation de l'Armée secrète après l'arrestation du général Delestraint.

8 juillet 1943 : date présumée du décès de Jean Moulin, quarante-quatre ans, durant son transfert vers l'Allemagne.

19 décembre 1964 : transfert des cendres de Jean Moulin au Panthéon.

Notes

Le refus d'abdiquer

1. Ce détail a été révélé par Klaus Barbie lui-même lors de son procès.

2. L'une des rares biographies consacrées à Jean Moulin par un historien reste celle de Jean-Pierre Azéma publiée aux éditions Perrin en 2003 sous le titre *Jean Moulin, le politique, le rebelle, le résistant*, il y a donc maintenant vingt ans.

3. Jean Moulin a seulement fait l'objet de deux téléfilms. Le premier, réalisé par Yves Boisset, *Jean Moulin. La vie d'un homme, le destin d'une Nation*, a été diffusé en 2002 sur France 2 avec Charles Berling dans le rôle principal. Le second, *Jean Moulin, une affaire française*, réalisé par Pierre Aknine, a été diffusé en 2003 sur TF1. Francis Huster y interprète Jean Moulin. .

1.
La rencontre de deux géants

1. Interrogatoire de Jean Moulin à la Royal Patriotic School, 23 octobre 1941. L'intégralité de l'interrogatoire

figure en annexe de l'ouvrage de D. Cordier, *Jean Moulin, l'inconnu du Panthéon*, vol. III, « De Gaulle, capitale de la Résistance, novembre 1940-décembre 1941 », Lattès, 1993, p. 1239-1240.

2. De cette première entrevue, aucune trace ne subsiste. Seul le témoignage de Jean Moulin à sa sœur, Laure, et celui du général de Gaulle publié dans ses *Mémoires* permettent de connaître le contenu des échanges entre les deux hommes.

3. L. Moulin, *Jean Moulin. Biographie*, Les Éditions de Paris, 1999, p. 211.

4. Jean Moulin remet à cette occasion un exemplaire du manuscrit écrit en 1941, dans lequel il relate les journées de juin 1940 à Chartres sous le titre de *Premier combat*.

5. Cette tentative de recrutement par les Britanniques est évoquée par le colonel Passy dans ses mémoires (*Mémoires du chef des services secrets de la France libre*, Odile Jacob, 2000, p. 189).

6. J.-L. Crémieux-Brilhac, *La France libre : de l'appel du 18 juin à la Libération*, Gallimard, 1996, p. 169.

7. Entretien de Pierre Meunier avec Daniel Cordier évoqué dans D. Cordier, *Jean Moulin, l'inconnu du Panthéon*, vol. II, « Le choix d'un destin, juin 1936-novembre 1940 », *op. cit.*, p. 482.

8. L. Moulin, *Jean Moulin. Biographie*, *op. cit.*, p. 211.

9. C. de Gaulle, *Mémoires de guerre*, t. I, « L'appel », Gallimard (Pléiade), 2000, p. 84.

10. D. Cordier, *Jean Moulin, l'inconnu du Panthéon*, vol. III, *op. cit.*, p. 942.

11. « Rapport de Jean Moulin sur l'activité, les projets et les besoins des groupements constitués en France en vue de la libération du territoire national », Londres, 25 octobre 1945, AN 72 AJ 1970. La comparaison des résistants avec des "parachutistes" est une analogie à une stratégie développée

à plusieurs reprises au cours de la Seconde Guerre mondiale consistant à parachuter des troupes aéroportées au-delà des lignes ennemies pour prendre l'adversaire à revers et l'obliger à combattre sur deux fronts.

12. Mission M., citée dans son intégralité dans D. Cordier, *Jean Moulin, l'inconnu du Panthéon*, vol. III, *op. cit.*, p. 860-861.

13. Ordre de mission de Moulin du 24 décembre 1941 cité dans C. de Gaulle, *Mémoires de guerre*, t. I, *op. cit.*, p. 647.

14. Dès l'été 1940, des agents de la France libre sont envoyés de l'autre côté de la Manche pour y mener des missions de renseignement et d'observation. Le tout premier, Jacques Mansion, débarque en Bretagne fin juillet. Il est suivi en août de Maurice Duclos, Pierre Fourcaud et Gilbert Renaud (« colonel Rémy »).

15. H. Michel, *Jean Moulin, l'unificateur*, Hachette, 1971.

2.
Au service de l'État et de la République

1. J.-P. Azéma, *Jean Moulin*, Perrin, 2003, p. 75.

2. Discours prononcé à Chartres le 5 mars 1939 en souvenir du général Marceau, dans J. Moulin, *Écrits et documents de Béziers et Caluire*, rassemblés par François Berriot, vol. I, L'Harmattan, 2018, p. 511.

3. L. Moulin, *Jean Moulin. Biographie*, *op. cit.*, p. 36.

4. *Ibidem*, p. 36.

5. D. Cordier, *Jean Moulin, l'inconnu du Panthéon*, vol. I, « Une ambition pour la République, juin 1899-juin 1936 », Lattès, 1989, p. 428.

6. C. Levisse-Touzé, D. Veillon, *Jean Moulin, artiste, préfet, résistant*, Tallandier, 2013, p. 52.

7. Témoignage cité dans H. Michel, *Jean Moulin, l'unificateur*, *op. cit.*, p. 26.

8. Discours de Jean Moulin devant le conseil général de l'Aveyron, 17 avril 1937, dans J. Moulin, *Écrits et documents de Béziers et Caluire*, rassemblés par François Berriot, *op. cit.*, p. 491.

9. Témoignage d'Antonin Mans cité dans L. Moulin, *Jean Moulin. Biographie*, *op. cit.*, p. 120.

10. S. Jansen, *Pierre Cot, un antifasciste radical*, Fayard, 2006, p. 312-313.

3.
Dans la tourmente de 1940

1. Lettre du préfet Jean Moulin au ministre de l'Intérieur, 30 mars 1939, dans J. Moulin, *Écrits et documents*, *op. cit*, p. 520.

2. J. Moulin, *Premier combat*, Les Éditions de Minuit, 1983, p. 34.

3. *Ibidem*, p. 75.

4. Lettre de Jean Moulin du 15 juin 1940 publiée dans C. Levisse-Touzé et D. Veillon, *Jean Moulin, artiste, préfet, résistant*, *op. cit.*, p. 121.

5. Témoignage cité dans H. Michel, *Jean Moulin, l'unificateur*, *op. cit.*, p. 41.

6. J. Chapoutot, J. Vigreux, *Des soldats noirs face au Reich*, PUF, 2015.

7. J. Moulin, *Premier combat*, *op. cit.*, p. 95-96.

8. *Ibidem*, p. 106.

9. *Ibid.*, p. 108.

10. *Ibid.*, p. 87 et suiv.

11. Lettre de l'amiral Auphan, président de l'Association de l'administration préfectorale, au maréchal Pétain, 21 août 1940, citée dans D. Cordier, *Jean Moulin, l'inconnu du Panthéon*, vol. II, *op. cit.*, p. 717.

4.
Préfet de Vichy

1. Circulaire du ministre de l'Intérieur aux préfets, 17 août 1940, archives départementales, série W.

2. Loi du 13 août 1940 portant interdiction des associations secrètes, *JORF*, 14 août 1940.

3. Lettre de Jean Moulin à sa mère et à sa sœur, 15 juin 1940, publiée dans L. Moulin, *Jean Moulin. Biographie*, *op. cit.*, p. 256.

4. Proclamation du préfet Jean Moulin aux habitants d'Eure-et-Loir, 2 juillet 1940, dans J. Moulin, *Écrits et documents*, vol. I, *op. cit.*, p. 529.

5. Lettre du préfet Jean Moulin aux maires et sous-préfets, 12 septembre 1940, dans J. Moulin, *Écrits et documents*, vol. I, *op. cit*, p. 560.

6. Lettre du préfet d'Eure-et-Loir à Monsieur le chef de la *Feldkommandantur* 751 de Chartres, 24 août 1940, dans J. Moulin, *Écrits et documents*, vol. I, *op. cit.*, p. 549.

7. Lettre du colonel von Gültlingen à Jean Moulin citée dans D. Cordier, *Jean Moulin, l'inconnu du Panthéon*, vol. II, *op. cit*.

8. Cité dans D. Cordier, *Jean Moulin, l'inconnu du Panthéon*, vol. II, *op. cit.*, p. 640-641.

9. Le ministre d'État à l'Intérieur aux préfets, circulaire n° 06, 7 août 1940, archives départementales, série W.

10. Le préfet d'Eure-et-Loir à M. le général de La Laurencie, délégué général du gouvernement dans les territoires occupés, Chartres, 29 octobre 1940, cité dans J. Moulin, *Écrits et documents*, vol. I., p. 577.

11. Le préfet d'Eure-et-Loir au ministre de l'Intérieur, Chartres, 2 novembre 1940, dans J. Moulin, *Écrits et documents*, vol. I, *op. cit.*, p. 578.

12. G. Leray, *Les Derniers Jours de Jean Moulin à Chartres*, Ella éditions, 2020.

13. À l'exception de l'arrondissement de Chartres, où Ludovic Lautier, le patron des Renseignements généraux d'Eure-et-Loir, superviseur de l'opération, a de son propre chef inscrit d'office des non-déclarants et même des non-juifs.

14. Les listes de juifs transmises aux Allemands en novembre 1940 ont servi de base à l'élaboration, au cours des mois suivants, de fichiers quasi exhaustifs et, ainsi, aux déportations de la "solution finale" à partir de la mi-1942. Soixante juifs sur les cent vingt répertoriés sur ces listes ont été arrêtés et internés entre 1941 et 1944. Cinquante-cinq ont été transférés à Auschwitz, où ils ont été assassinés. Jean Moulin ne peut évidemment pas être rendu responsable du sort des personnes figurant sur ces listes du recensement opéré à l'automne 1940.

15. Lettre du préfet d'Eure-et-Loir aux maires, Chartres, 16 novembre 1940, dans J. Moulin, *Écrits et documents*, *op. cit.*, p. 608.

5.
L'entrée en résistance

1. Lettre citée dans R. Belot, *Henri Frenay, de la Résistance à l'Europe*, Seuil, 2003, p. 132-133.

2. H. Frenay, *La nuit finira. Mémoires de Résistance 1940-1945*, Robert Laffont, 1973. La date de cette rencontre est incertaine, car les témoignages de Frenay à son sujet ont varié, la plaçant certaines fois en mai et d'autres fois en juin.

3. Témoignage de Pierre Meunier à Laure Moulin, cité dans L. Moulin, *Jean Moulin*, *op. cit.*, p. 171.

4. *Ibidem*, p. 172.

5. Télégramme du préfet de Haute-Garonne au ministre d'État à l'Intérieur, Toulouse, 8 décembre 1940, archives départementales de la Haute-Garonne, série W.

6. L. Moulin, *Jean Moulin*, *op. cit.*, p. 173.

7. Acte constitutionnel n° 5 du 30 juillet 1940 relatif à la Cour suprême de justice.

8. Le procès-verbal de la déposition de Jean Moulin au procès de Riom (5 mai 1941) figure en annexe de l'ouvrage de D. Cordier, *Jean Moulin, l'inconnu du Panthéon*, vol. III, *op.cit.*, p. 1199.

9. *Ibidem*.

10. Activités gaullistes en octobre 1940, circulaire du ministre de l'Intérieur Peyrouton, AN, F1A 3591.

11. S. Albertelli, J. Barasz, « Un résistant atypique : le général Cochet », *Histoire@politique* n° 5, avril-juin 2008.

12. R. Belot, *Henri Frenay, de la Résistance à l'Europe*, *op. cit*.

13. H. R. Kedward, *Naissance de la Résistance dans la France de Vichy, 1940-1942*, Champ-Vallon, 1989.

14. J. Blanc, *Au commencement de la Résistance. Du côté du musée de l'Homme*, Seuil, 2010.

15. L. Moulin, *Jean Moulin*, *op. cit.*, p. 191.

16. Lettre de Moulin à Pierre Cot, 19 octobre 1941, dans collectif, *Pierre Cot, 1895-1977, Hommages*, avec les témoignages de ses collaborateurs et amis, Imprimerie Floch, 1979, p. 142-143.

17. P. Péan, « Octobre 1941. La rupture de Jean Moulin avec Pierre Cot », *L'Express*, 19 nov. 1998.

6.
Au nom du général de Gaulle

1. Témoignage de Monjaret dans H. Michel, *Jean Moulin, l'unificateur*, *op. cit.*, p. 19.

2. H. Frenay, *La nuit finira*, *op. cit.*, p. 210.

3. https://www.ina.fr/ina-eclaire-actu/video/i07313045/raymond-aubrac-a-propos-de-sa-premiere-rencontre-avec-jean-moulin

4. Emmanuel d'Astier de La Vigerie a laissé des témoignages contradictoires sur cette première rencontre, évoquant dans certains cas qu'elle avait eu lieu à Avignon devant le palais des Papes, dans d'autres, à Lyon, sur une île du Rhône. E. d'Astier de La Vigerie, *Les Grands*, Gallimard, 1961, p. 78.

5. J.-P. Levy, *Mémoire d'un franc-tireur, itinéraire d'un résistant (1940-1944)*, Complexe, 2010, p. 72.

6. *Ibidem*, p. 73.

7. Courrier n° 3 de Rex, 30 mars 1942, arrivé le 19 mai, dans J. Moulin, *Écrits et documents*, vol. II, *op. cit.*, p. 70.

8. Câble n° 16 de Rex, 13-05-42 / arrivé 30-05-1942, dans J. Moulin, *Écrits et documents*, vol. II, *op. cit.*, p. 87.

9. D. Cordier, *Alias Caracalla*, Gallimard, 2009, p. 414.

10. *Ibidem*, p. 418.

11. D. Cordier, *Jean Moulin, la République des catacombes*, 1999, Gallimard, p. 177.

12. *Ibidem*, p. 179-180.

13. R. Belot, *Henri Frenay*, ch. VII, « L'illusion tragique du pétainisme », *op. cit.*

14. Courrier n° 9 de Rex, 8 août 1942, dans J. Moulin, *Écrits et documents*, vol. II, *op. cit.*, p. 123.

15. *Journal officiel de la France combattante*, n° 9.

16. Câble n° 69 de Rex, 28 août 1942, dans J. Moulin, *Écrits et documents*, vol. II, *op. cit.*, p. 158.

17. Cité dans J.-P. Azéma, *Jean Moulin*, *op. cit.*, p. 208.

7.
La Résistance intérieure et de Gaulle

1. C. Vasserot, « Souvenirs d'un préfet résistant », manuscrit inédit confié au Comité d'histoire de la Seconde Guerre mondiale en 1946 et conservé aux Archives nationales (72 AJ 621).

2. Colonel Passy, *Missions secrètes en France, souvenirs du BCRA*, Plon, 1951, p. 62.

3. M. Cointet, *De Gaulle et Giraud. L'affrontement*, Perrin, 2005.

4. Rapport « Rex » du 14 décembre 1942, dans J. Moulin, *Écrits et documents*, *op. cit.*, vol. II, p. 240.

5. Instructions du général de Gaulle à Jean Moulin, 21 février 1943, AN, 3 AG 2 181.

6. Cité dans D. Cordier, *Jean Moulin, la République des catacombes*, *op. cit.*, p. 329.

7. D. Cordier, *Alias Caracalla*, *op. cit.*, p. 941.

8. *Ibidem*, p. 862.

9. *Ibidem*, p. 892.

10. A. Raynaud, *Emmanuel d'Astier, la conversion d'un résistant*, Fayard, 2022.

11. R. Belot, G. Karpman, *L'Affaire suisse : la Résistance a-t-elle trahi de Gaulle ?*, Armand Colin, 2009.

12. D. Cordier, *Alias Caracalla*, *op. cit.*, p. 985.

13. G. Piketty, *Pierre Brossolette, un héros de la Résistance*, Odile Jacob, 1998.

14. Colonel Passy, *Mémoires du chef des services secrets de la France libre*, *op. cit.*, ch. XXI.

15. D. Cordier, *Alias Caracalla*, *op. cit.*, p. 925.

16. Pierre Meunier, qui assistait à la réunion, l'a décrite dans son témoignage *Jean Moulin, mon ami*, éditions de l'Armançon, 1993.

8.
Le président du Conseil de la Résistance

1. D. Cordier, *Alias Caracalla*, « Jeudi 27 mai. Une séance pas comme les autres », *op. cit.*, p. 1039.

2. Câbles n° 203, 204 et 205 de Jean Moulin, 8 mai 1943, dans J. Moulin, *Écrits et documents*, *op. cit.*, p. 379.

3. D. Cordier, *Alias Caracalla*, *op. cit.*, p. 1008.

4. D. Cordier, *Alias Caracalla*, *op. cit.*, p. 1038.

5. Rapport de *Rex* à André Philip, 4 juin 1943, dans J. Moulin, *Écrits et documents*, *op. cit.*, p. 405.

6. Motion votée à l'unanimité au cours de la séance tenue quelque part en France le 25 mai 1943, AN, F1a 3801. Pour des raisons de sécurité évidentes, le lieu de la réunion n'a pas été précisé et une erreur sur la date exacte a sciemment été commise.

7. L'incident provoqué par l'intervention de Pierre Villon ne figure pas dans le compte rendu que Moulin rédige de la réunion mais est évoqué dans le témoignage de l'un des participants, Jacques Lecompte-Boinet. J. Lecompte-Boinet, *Mémoires d'un chef de la Résistance, zone nord, Alger, Londres, Paris*, Les Éditions du Félin, 2021.

8. D. Cordier, *Alias Caracalla*, *op. cit.*, p. 1046.

9. Rapport de *Rex* à André Philip, 4 juin 1943, dans J. Moulin, *Écrits et documents*, *op. cit.*, p. 405.

10. C. de Gaulle, *Mémoires*, *op. cit.*, p. 364.

9.
Caluire, le piège

1. Rapport d'Ernst Kaltenbrunner du 27 mai 1943, AN, 72 AJ 36.

2. L. Moulin, *Jean Moulin*, *op. cit.*, p. 344-346.

3. J. Moulin, rapport du 7 mai 1943 adressé à de Gaulle, dans J. Moulin, *Écrits et documents*, vol. II, *op. cit.*, p. 377.

4. René Hardy est jugé devant la cour de justice de la Seine en 1947, puis devant le tribunal militaire de Paris en 1950. À chaque fois, ses anciens camarades de Combat se sont mobilisés pour le défendre. En mai 1950, il a bénéficié de la « minorité de faveur », quatre juges sur sept l'estimant coupable, soit un de moins que nécessaire pour que le tribunal militaire prononce la sentence de culpabilité.

5. Cette thèse a notamment été développée par Pierre Péan (*La Diabolique de Caluire*, Fayard, 1999).

6. J. Moulin, *Écrits et documents*, *op. cit.*, vol. II, p. 428-429.

7. Témoignage d'Henri Aubry cité dans H. Noguères, *Histoire de la Résistance en France*, vol. III, p. 444-445.

8. Télégramme de « Sophie », 24 juin 1943.

10.
Montluc, l'antichambre de la mort

1. C. Pineau, *La Simple Vérité, 1940-1945*, Julliard, p. 121-124.

2. Témoignage d'Henri Aubry cité dans H. Noguères, *Histoire de la Résistance en France*, *op. cit*, p. 460.

3. Il ne s'agit que d'une hypothèse, crédible au regard de l'attitude de Moulin à Chartres le 17 juin 1940, mais dont la validation ne repose que sur le seul témoignage de Barbie, qui avait intérêt à faire croire que les blessures de Jean Moulin n'étaient pas la conséquence des séances de torture, mais de ses tentatives de suicide.

4. Cité dans D. Cordier, *Jean Moulin, la République des catacombes*, *op. cit.*, p. 472.

5. Déposition d'A. Lassagne au procès Hardy devant le tribunal militaire de Paris, audience du 3 mai 1950, AN, 334 AP 50.

6. Témoignage donné par André Lassagne, AN, 72 AJ 36.

7. Cité dans D. Cordier, *Jean Moulin, la République des catacombes*, *op. cit.*, p. 473.

11.
« Entre ici, Jean Moulin »

1. https://www.ina.fr/ina-eclaire-actu/video/caf89027428/transfert-des-cendres-de-jean-moulin-au-pantheon

2. H. Rousso, *Le Syndrome de Vichy*, Seuil, 1987, p. 112-113.

3. *JO,* « débats parlementaires, Assemblée nationale », question écrite du 8 mai 1963, dans H. Rousso, *Le Syndrome de Vichy*, *op. cit.*, p. 102.

4. https://www.ina.fr/ina-eclaire-actu/video/i06100223/l-investiture-de-francois-mitterrand-au-pantheon

5. https://www.ina.fr/ina-eclaire-actu/video/i20328036/debat-entre-henri-frenay-et-daniel-cordier

6. L. Douzou, *Le Moment Daniel Cordier*, CNRS, 2022.

7. J.-P. Levy, conclusions dans J.-P. Azéma, F. Bédarida, R. Franck (dir.), *Jean Moulin et la Résistance en 1943*, les cahiers de l'IHTP, 1993.

8. F. Crémieux, *Entretiens avec Emmanuel d'Astier de La Vigerie*, Pierre Belfond, 1966, p. 101.

Bibliographie

Sources publiées

Jean Moulin, *Écrits et documents de Béziers à Caluire*, rassemblés et présentés par François Berriot, 2 vol., L'Harmattan, 2018.

Ouvrages généraux sur la Résistance et la France libre

Albertelli (Sébastien), *Les Services secrets du général de Gaulle. Le BCRA 1940-1944*, Paris, Perrin, 2019.

Albertelli (Sébastien), Blanc (Julien), Douzou (Laurent), *La Lutte clandestine en France. Une histoire de la Résistance, 1940-1944*, Paris, Seuil, 2019 (rééd. Points Seuil, 2021).

Belot (Robert), *Henri Frenay, de la Résistance à l'Europe*, Paris, Seuil, 2003.

Broche (François), Caïtucoli (Georges), Muracciole (Jean-François), *Dictionnaire de la France libre*, Paris, Robert Laffont (coll. Bouquins), 2010.

Crémieux-Brilhac (Jean-Louis), *La France libre. De l'appel du 18 juin à la Libération*, Paris, Gallimard, 1996.

Grenard (Fabrice), *Le Choix de la Résistance*, Paris, Presses universitaires de France, 2021.

Marcot (François) (dir.), *Dictionnaire historique de la Résistance*, Paris, Robert Laffont (coll. Bouquins), 2006.

Muracciole (Jean-François), *Histoire de la France libre*, Paris, PUF (Que sais-je), 1996.

Muracciole (Jean-François), *Histoire de la Résistance en France*, Paris, PUF (Que sais-je), 1993.

Noguères (Henri), avec la collaboration de Marcel Degliame-Fouché et Jean-Louis Vigier, *Histoire de la Résistance en France*, Paris, Robert Laffont, 5 vol., 1967-1981.

Piketty (Guillaume), *Pierre Brossolette, un héros de la Résistance*, Paris, Odile Jacob, 1998.

Rousso (Henry), *Le Syndrome de Vichy, de 1944 à nos jours*, Paris, Seuil, 1987.

Wieviorka (Olivier), *Histoire de la Résistance, 1940-1945*, Paris, Perrin, 2013 (rééd. Tempus, 2018).

Témoignages

Astier de La Vigerie (Emmanuel d'), *Les Dieux et les Hommes, 1943-1944*, Paris, Julliard, 1952.

Aubrac (Raymond), *Où la mémoire s'attarde*, Paris, Odile Jacob, 1996.

Bidault (Georges), *D'une résistance à l'autre (1940-1945)*, Paris, Les Presses du siècle, 1965.

Bouchinet-Serreulles (Claude), *Nous étions faits pour être libres. La Résistance avec de Gaulle et Jean Moulin*, Paris, Grasset, 2000.

Bourdet (Claude), *L'Aventure incertaine : de la Résistance à la restauration*, Paris, Stock, 1975 (rééd. éditions du Félin, 1998).

Chambeiron (Robert), *Résistant. Entretiens avec Marie-Françoise Bechtel*, Paris, Fayard, 2014.

Frenay (Henri), *La nuit finira. Mémoires de Résistance, 1940-1945*, Paris, Robert Laffont (coll. vécu), 1973.

Lecompte-Boinet (Jacques), *Mémoires d'un chef de la Résistance, zone nord, Alger, Londres*, Paris, les éditions du Félin, 2021.

Levy (Jean-Pierre) (avec Dominique Veillon), *Mémoires d'un franc-tireur, itinéraire d'un résistant, 1940-1944*, Bruxelles, Complexe, 1998.

Meunier (Pierre), *Jean Moulin, mon ami*, Précy-sous-Thil, éditions de l'Armançon, 1993.

Moulin (Jean), *Premier combat*, Paris, Les Éditions de minuit, 1983.

Passy (colonel), *Mémoires du chef des services secrets de la France libre*, Paris, Odile Jacob, 2000.

Pineau (Christian), *La Simple Vérité, 1940-1945*, Paris, Phalanx, 1983.

Biographies de Jean Moulin

Azéma (Jean-Pierre), *Jean Moulin, le politique, le rebelle, le résistant*, Paris, Perrin, 2003 (rééd. Tempus, 2006).

Azéma (Jean-Pierre) (dir.), *Jean Moulin face à l'histoire*, Paris, Flammarion, 2000.

Azéma (Jean-Pierre), Bédarida (François), Franck (Robert) (dir.), *Jean Moulin et la Résistance en 1943*, les cahiers de l'IHTP, 1993.

Azéma (Jean-Pierre), Bédarida (François), Cordier (Daniel), *Jean Moulin et le Conseil national de la Résistance*, Paris, CNRS, 1983.

Cordier (Daniel), *Jean Moulin, la République des catacombes*, Paris, Gallimard, 1999.

Cordier (Daniel), *Jean Moulin, l'inconnu du Panthéon*, 3 vol., Paris, Jean-Claude Lattès, 1989-1993.

Foulon (Charles-Louis), *Jean Moulin, la passion de la République*, Rennes, éditions Ouest-France, 2013.

Leray (Gérard), *Les Derniers Jours de Jean Moulin à Chartres*, Lèves, Ella éditions, 2020.

Levisse-Touzé (Christine), Veillon (Dominique), *Jean Moulin, artiste, préfet, résistant (1899-1943)*, Paris, Tallandier / Ministère de la Défense, 2013.

Michel (Henri), *Jean Moulin, l'unificateur*, Paris, Hachette, 1964.

Moulin (Laure), *Jean Moulin. Biographie*, Paris, Les Éditions de Paris Max Chaleil, 1999.

Péan (Pierre), *Vies et morts de Jean Moulin*, Paris, Fayard, 1998.

Rabino (Thomas), *L'Autre Jean Moulin. L'homme derrière le héros*, Paris, Perrin, 2013.

Table des matières

Le refus d'abdiquer 9
L'homme au visage déchiré 10
Celui qui n'a pas parlé 13
Le sauveur de De Gaulle 16

1. La rencontre de deux géants 21
Le voyageur clandestin 23
Faire la part du bluff 25
Une entente qui ne va pas de soi 28
Sur ordre personnel du général de Gaulle 32

2. Au service de l'État et de la République 39
L'inquiétude d'un père 42
Quand l'ENA n'existait pas 44
Le monde étrange des cabinets ministériels 48
Aider en secret la République espagnole 52
Ces moments où l'histoire bascule 55

3. Dans la tourmente de 1940 59
Un préfet en guerre 61
Face au chaos de l'exode 63
Frappé, torturé par les Allemands 66
La mort plutôt que la honte 71

4. Préfet de Vichy 75
Moulin reste à son poste 78
Comment coopérer avec l'occupant ? 80
L'illusion de servir son pays avec Vichy 83
Une révocation brutale… 89

5. L'entrée en résistance 91
Recherche famille désespérément 94
L'homme au foulard et au chapeau 98
Mentir au procès de la défaite 100
Des premiers contacts fructueux 103
Un séjour forcé à Lisbonne 107

6. Au nom du général de Gaulle 115
Sauter dans le vide 116
Le secret des microphotos 118
Dire non à Laval, « une aventure piquante » 124
Daniel Cordier entre au service de « Rex » 127
Savoir être diplomate et organisateur 131
L'Armée secrète sort du néant 137

7. La Résistance intérieure et de Gaulle 143
Un discret marchand d'art 143
Décoré sous un faux nom 146
Le choix d'une stratégie active 148
Et la Résistance dans tout cela ? 151
Moulin, l'ingénieur du Conseil de la Résistance 154
La fronde des mouvements 159
Brossolette, comme un serpent 164

8. Le président du Conseil de la Résistance 169
Une réunion à haut risque 171
La Résistance intérieure s'unit derrière de Gaulle 175
Un succès historique 179

9. Caluire, le piège 185
Le cabinet médical est cerné 186
Retour sur la traque 190
Les arrestations du 9 juin
et leurs conséquences 193
« Notre guerre, à nous aussi, est rude » 198
Rendez-vous chez un sympathisant 203
Le dernier espoir : l'évasion 208

10. Montluc, l'antichambre de la mort 211
Dans les griffes de Klaus Barbie 214
"Un homme très malade" 216
"Comment voulez-vous que je reconnaisse
cet homme ?" 219

11. « Entre ici, Jean Moulin » 223
Un héros éclipsé 226
Jean Moulin au Panthéon 228
« Enterré gaulliste,
Jean Moulin ressuscite socialiste » 232
Les rancœurs d'Henri Frenay 234

Liste des sigles 239
Chronologie 241
Notes 241
Bibliographie 257

#lisez engagé !
www.lisez.com
Pour plus d'information :
Imprimé sur du papier issu de forêts gérées durablement.

CET OUVRAGE A ÉTÉ ACHEVÉ D'IMPRIMER SUR ROTO-PAGE
PAR L'IMPRIMERIE FLOCH À MAYENNE EN AVRIL 2023

N° d'impression : 102404
N° d'édition : P31674/01
Imprimé en France